한국어 초급 2 개정판

열려라! 한국어 2

순천향대학교 한국어교육원 지음

초급

보고사
BOGOSA

집필 및 개정

순천향대학교 한국어교육원 강사진 공동집필

일러스트

순천향대학교 예술학부 애니메이션전공 이재빈 학생

한국어 초급 2 개정판

열려라! 한국어 2

초판 발행   2011년 8월 22일
개정판 발행   2020년 2월 14일

지은이 ■■sch 순천향대학교 한국어교육원
발행인 김흥국
발행처 도서출판 보고사

등록 1990년 12월 13일 제6-0429호
주소 경기도 파주시 회동길 337-15 보고사 2층
전화 02-922-5120~1(편집), 02-922-2246(영업)
팩스 02-922-6990
메일 kanapub3@naver.com

ISBN 979-11-5516-962-9
       979-11-5516-771-7 (세트)
ⓒ 순천향대학교 한국어교육원, 2020

정가 20,000원

음원파일 다운
http://sgee.sch.ac.kr/mp3down

머리말

한국어를 배우는 외국인의 수가 나날이 증가하고 있습니다. 이에 맞춰 한국어와 한국문화 교재도 다수 개발되고 있습니다. 이 중 가장 좋은 교재는 교육 여건과 학습자의 특성에 맞게 개발된 것이라 할 수 있습니다. 이미 편찬되어 있는 많은 교재의 장점에도 불구하고, 이번에 본원이 개정판을 출간한 이유입니다.

순천향대학교 한국어교육원에서는 9년 전 『한국어 초급2』를 발간하였습니다. 지난 9년 동안 『한국어 초급2』는 한국어를 시작하는 많은 학생들에게 길라잡이가 되어 왔지만, 시대 흐름과 교육 환경 변화에 따라 대폭적인 교재 정비 작업이 필요하게 되었습니다. 사례 개발과 어휘 정비, 꼼꼼한 수정 작업, 시범 강의를 거치며 일 년여의 시간을 공들인 끝에 개정판 『열려라! 한국어2』를 출간하게 되었습니다.

『열려라! 한국어2』는 무엇보다 한국어를 외국어로 배우는 학생들의 의사소통 능력 신장을 목표로 하였고 『열려라! 한국어1』과의 연계를 고려하였습니다. 어휘를 특성에 따라 재배열함으로써 효과적으로 어휘를 익힐 수 있도록 하였고, 요즘 젊은이들의 일상 모습을 교재 곳곳에 배치함으로써 자연스럽게 말하기 능력이 신장되도록 하였습니다. 또한 통합 교재의 장점을 최대한 살려, 말하기, 듣기, 읽기, 쓰기 능력이 고루 성장될 수 있도록 구성했습니다. 목표어에 대한 지식이 부족한 초급 학습자들이 쉽게 공부할 수 있도록 내용을 시각화하고 명료화하는 데 중점을 둔 점도 본 교재의 큰 장점입니다. 본 교재를 통하여 한국어 학습자들이 좀 더 쉽고 재미있게 공부하고, 강의자 역시 수월하고 효과적으로 가르칠 수 있을 것이라 생각합니다. 이러한 교육이 순천향대학교 한국어교육원이 지향하는 교육 체계와 목표에 부응하도록 했습니다. 의사소통 능력 향상, 통합 교육 체계 지향은 적지 않은 한국어교육원들이 지닌 목표이기도 합니다. 본원의 교재는 이러한 한국어교육원의 교재로도 손색이 없을 것이라 자부합니다.

이 책이 개정되기까지 많은 분들이 노고와 배려를 아끼지 않으셨습니다. 한국어교육원의 발전을 위해 깊은 관심을 보내주신 서교일 총장님, 언제나 애정과 열정으로 애쓰시는 유병욱 국제교류처장님, 교육지원팀 여러분께 진심으로 감사드립니다. 무엇보다 한국어교육원 모든 선생님들의 노고와 헌신, 진심어린 조언이 없었다면 개정판이 완성될 수 없었을 것입니다. 한국어교육원의 모든 선생님들께 깊은 감사를 드립니다. 마지막으로 디자인 및 편집과 출판을 맡아 주신 도서출판 보고사에도 감사의 마음을 전합니다.

한국어 교육의 지속적인 발전을 위해 순천향대학교 한국어교육원도 더욱 노력하겠습니다. 여러분들의 따뜻한 관심과 응원을 부탁드립니다.

2020년 2월
순천향대학교 한국어교육원장

1 순천향대학교 '열려라 한국어 2'는 한국어를 배우려는 외국인 초급자들을 위한 기초 중 둘째 단계의 교재로서 10개 단원으로 구성되어 있다.

2 본교재의 집필 방향은 아래와 같다.
- 학생들의 의사소통 능력을 신장시키는 것을 주요 목표로 하고 실제 생활과 유사한 여러 가지 활동을 포함한다.
- 각 단원마다 말하기, 듣기, 읽기, 쓰기의 비 영역 학습을 통해서 영역별로 익힐 수 있도록 구성한다.
- 정확성과 유창성을 학습의 주요 목표로 삼는다.
- 다양한 예문을 제시하여 문법을 정확하게 이해하고 활용할 수 있도록 한다.
- 내용과 관련 있는 시각적 자료를 충분히 제시하여 학습 내용의 이해를 돕는다.
- 각 페이지에 나오는 새 단어를 아래에 따로 제시하여 학습자들이 쉽게 찾아볼 수 있도록 한다.

3 각 과의 제목은 주제에 해당하는 명사로 제시하여 배울 내용을 알 수 있도록 하였다.

4 각 단원의 구성은 아래와 같다.
- 도입 및 본문에 이어 말하기, 듣기, 읽기, 쓰기, 말하기 활동 순으로 구성하였다.
- 본문은 전형적인 표현과 기본 문형으로 구성하였다.
- '말하기'는 본문의 표현과 문법을 말하기 활동을 통해서 익히도록 구성하였다. 초급 교재이므로 말하기의 비중을 높여서 해당 문법 사항이나 표현을 익혀서 말하기 능력으로 활용하도록 하였다.
- 듣기는 본문의 표현과 문법을 듣기 활동을 통해서 학습하고 확인하도록 구성하였다.
- 읽기는 단원의 주제와 관련된 내용으로 본문에서 제시된 문법과 표현을 활용한 글을 읽으며 이해 능력을 기르도록 구성하였다.

- 쓰기 단원에서는 주제와 관련된 글을 제시하였고, 이를 활용하여 직접 써 봄으로써 표현 능력을 기를 수 있도록 구성하였다. 쓰기 활동은 과제로도 사용할 수 있도록 하였다.
- 말하기 활동은 학습 내용을 총체적으로 활용하는 과제 활동으로, 실제 상황과 유사한 상황 속에서 학습자가 주동적으로 말하기 능력을 배양할 수 있도록 구성하였다.
- 단어는 본문에 나오는 단어와 본문 외에 듣기와 읽기, 예문 등에 나오는 단어를 구분하여 제시하였다. 단어의 뜻은 부록 색인에서 번역으로 제시하여 스스로 학습하는 습관을 기르도록 하였다.
- 문법은 예문을 통해 쉽게 이해할 수 있도록 하였고, 해당 문법 항목을 활용해 직접 문장을 작성하는 방식으로 학습하도록 하였다.
- 문법 설명은 부록에 배치하고, 한중영 3개 국어로 제시하여, 외국인 학습자가 편리하고 정확하게 이해할 수 있도록 배려하였다.

5 본 교재의 문법 항목의 수는 47개이다. 이는 사용 빈도수 및 난이도를 고려하여 선정한 것이다. 단원 배열 순서는 난이도와 사용 빈도 등을 고려하여 배치하였다.

6 본 교재에서 학습할 어휘는 660여 개이다. 빈도수와 난이도를 고려하여 어휘를 선정하였으나 다소 어렵더라도 내용에 반드시 필요한 어휘는 포함시켰다.

7 부록의 구성은 다음과 같다.
- 모범 답안, 듣기 지문, 문법 설명, 동사 활용표, 어휘색인이 있다.
- 문법 설명과 어휘 색인은 영어 번역과 중국어 번역을 함께 제시하여 사전의 구실도 함께 할 수 있도록 했다.

목차

Contents 目录

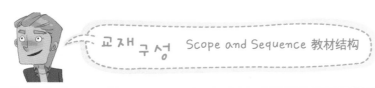

교재구성 Scope and Sequence 教材结构

단원 lesson	1	2	3	4	5
단원명 Topic	날씨 Weather 天气	교통 Traffic 交通	운동 Exercise 运动	취미 Hobbies 爱好	여행 Travelling 旅游
기능 Function	일기예보 이해하기 날씨 말하기	길 찾기 길 일러주기 교통편 특성 말하기 대중교통 이용하기 지하철 갈아타기	운동 경기 관람하기 운동 권유하기 운동 방식 이해하기	취미·여가 활동 말하기 친구 취미 설명하기 취미별 특성 이해하기	여행 계획하기 여행 경험 전달하기 한국 문화 이해하기 형용사 관형형 현재 표현
표현 Expression	부가 · 원인 · 청유 · 계획 · 미래 표현	의무 · 순서 · 금지 표현	비유 · 이동 목적 · 진행 · 가능 표현	조건 · 선택 · 불가능 · 의도 표현	경험 · 감탄 · 약속 · 비유 · 원인 표현
문법 Grammar	N+은/는요? A/V+-아/어/여서 (이유) V+-(으)려고 하다 N+(이)나 (선택) A+-게+V V+-(으)ㅂ시다 N+의+N A/V+-겠- (미래) 경음화	A/V+-아/어/여야 하다/되다 N+(으)로 (방향)(도구) A/V+-아/어/여서 (순서) A/V+-(으)ㄴ/는데, N+(이) ㄴ데 (제시) N+에서/부터 N+까지 A/V+-(으)니까 N+한테/께 V+-지 말다	N+마다 N+처럼 V+-(으)러 가다/오다 V+-고 있다 V+-(으)ㄹ 수 있다/없다 N+만 'ㅅ' 불규칙 N+때, A/V+-(으)ㄹ 때 구개음화	A/V+-(으)면 A/V+-거나 못+V V+-지 못하다 V+-(으)ㄹ래요? (으)ㄹ래요 'ㄷ' 불규칙 V+-(으)려고 격음화	V+-아/어/여 보다 A+-(으)ㄴ N+(으)로 (명성, 이유) N+에 관하여/관해(서)/ 대하여/대해(서) V+-(으)ㄹ게요 A+-군요, V+-는군요, A/V+-았/었/였군요 N+같다 N+(이)라(서)/(이)어서
어휘 Vocabulary	날씨, 일기예보, 계절 특징	교통편, 약도, 시간, 지하철, 버스	운동, 경기, 'ㅅ' 불규칙 용언	취미, 여가 활동, 'ㄷ' 불규칙 용언	여행, 관광지 정보
활동 Activity	좋아하는 계절 말하기 한국과 다른 나라 계절별 특징 읽기 방학계획 듣기 일기예보 듣기 나라별 계절 특징 쓰기 방학계획 쓰기	길 알려주기 길 묻기와 대답하기 듣기 교통편 이용 이동 경험 읽기 교통편 이용 방법 쓰기	진행 동작 말하기 할 수 있는 것 말하기 좋아하는 운동하기 듣기 시기에 따른 운동 읽기 좋아하는 운동 쓰기	주말 계획 말하기 취미 활동 듣기 취미 활동 읽기 취미 활동 쓰기	관광지 소개하기 여행사 예약 듣기 한국 여행 지역 정보 읽기 기행문 쓰기

6	7	8	9	10
친구 Friends 朋友	병원 Hospital 医院	생활 Living 生活	연락 in Touch 联系	요리 Cooking 厨艺
친구 소개하기 옷차림 묘사하기	병원에서 진료 받기 약국에서 약 사기 환자 상태 표현하기	우체국에서 소포 보내기 은행에서 예금하기 인터넷 쇼핑하기 방 구하기	편지 내용 전하기 블로그 운영하기 채팅하기 이동도서관 이용하기 문자메시지 보내기	주말 계획 세우기 장보기 계획하기 김밥 만들기 요리 프로그램 청취하기
동사 관형형 현재·과거 표현 동작 전 후의 행위 표현	미래 관형형 표현 대조·허락 표현	조건·부가· 시간 경과· 원인 표현	경험·추측·의도· 결과 표현	희망·결정·선택· 추측·의사 표현 동시 진행 행위 표현
V+-(으)ㄴ+N V+-는+N A/V+-겠- (추측) 'ㅎ'불규칙 V+-(으)ㄴ 후에 V+-기 전에	A+-(으)ㄴ데, V+-는데, N+(이)ㄴ데 (대조) A/V+-아/어/여도 되다 V+-(으)ㄹ+N N+씩 N+(이)나 (많음) A/V+-(으)면 안 되다 '르'불규칙 N+밖에	V+-는데요, A+-(으)ㄴ데요, N+(이)ㄴ데요 (반응 기대) A/V+-(으)면 되다 V+-(으)ㄴ 지 (시간)이/가 되다 / 지나다 A/V+-기, A/V+-기 A/V A/V+-기 때문에, N 때문에	N+한테(서) / 에게(서) / 께 V+-(으)ㄴ 적이 있다/없다 A/V+-(으)ㄴ 것/ 는 것/(으)ㄹ 것 같다 V+-기 위해(서) V+-게 되다	A/V + -았/었/였으면, N+ -이었/였으면 좋겠다 V+-기로 하다 V+-(으)ㄹ까 하다 A/V+-(으)ㄹ까 봐 A/V+-(으)면서, N+(이) 면서
색깔, 옷의 종류, 'ㅎ'불규칙 용언	병원 종류, 진료, 치료, 신체 부위 명칭, 병 증상 '르'불규칙 용언	은행, 우체국, 우편물, 비자, 주거 형태	편지, 인터넷, 채팅. 도서 대출	음식, 요리
전후 동작 이어 말하기 친구 묘사 듣기 인물 묘사 읽기 인물 묘사하기	스트레스 해소법 말하기 의사와 환자의 대화 듣기 병 치료 방법 읽기 증상 쓰기	경과 시간 말하기 소포 보내기, ATM 이용 듣기 유학생 한국 생활 읽기 숙소 광고 읽기 한국생활 쓰기	추측해서 말하기 소포·편지 관련 대화 듣기 편지 읽기 특별한 경험 쓰기 문자 보내기	동시 진행 동작 말하기 요리법 알려 주기 요리법 듣기 한국의 전통 음식 소개문 읽기 조리 방법 순서대로 쓰기

등장인물

김정아
한국, 대학생

이상민
한국, 대학생

왕동동
중국, 유학생

장나나
중국, 유학생

카잉
베트남, 회사원

마이클
미국, 유학생

아사코
일본, 유학생

솔롱고
몽골, 유학생

1. 오늘 날씨가 어때요?
2. 어제 날씨는 어땠어요?
3. 여러분 나라의 날씨는 어때요?

1과

날씨

상　민　나나 씨는 무슨 계절을 좋아해요?

나　나　저는 봄을 좋아해요. 상민 씨는요?

상　민　저는 겨울을 좋아해요.

나　나　상민 씨는 왜 겨울을 좋아해요?

상　민　저는 눈이 와서 겨울을 좋아해요.
　　　　나나 씨는요?

나　나　날씨가 따뜻해서 봄을 좋아해요.

표현

● 무슨 계절을 좋아해요?　　　　　● 날씨가 따뜻해서 봄을 좋아해요.

솔롱고　마이클 씨, 이번 여름 방학에 뭐 할 거예요?

마이클　저는 미국에 가려고 해요. 솔롱고 씨는요?

솔롱고　저는 한국에서 여행을 하려고 해요.

마이클　어디에 가려고 해요?

솔롱고　날씨가 더워서 산이나 바다에 가려고 해요.

마이클　재미있게 여행 하세요. 방학이 끝나고 만납시다.

솔롱고　네, 마이클 씨도 방학을 즐겁게 보내세요.

표현

● 이번 여름 방학에 뭐 할 거예요?　　　● 방학을 즐겁게 보내세요.

새 단어 ▶▶ 계절　겨울　따뜻하다　방학

12

〈일기 예보〉

　내일의 날씨입니다. 오전에는 흐리고 오후에는 눈이 오겠습니다. 바람도 강하게 불겠습니다. 내일 최고 기온은 영상 1℃, 최저 기온은 영하 5℃입니다.

　밤에는 기온이 낮보다 5℃ 정도 내려가고 바람이 불어서 더 춥겠습니다. 눈은 모레 아침에 그치겠습니다. 감사합니다.

새 단어 ▶▶ 일기 예보　바람　강하다　최고　기온　영상　최저　영하　-도(℃)　정도　내려가다　그치다 같이 배워 봅시다.

날씨

① 맑다　　② 흐리다　　③ 번개가 치다　　④ 천둥이 치다

⑤ 비가 오다/내리다　　⑥ 눈이 오다/내리다　　⑦ 바람이 불다　　⑧ 안개가 끼다

⑨ 시원하다　　⑩ 쌀쌀하다　　⑪ 춥다　　⑫ 덥다

⑬ 건조하다　　⑭ 습하다

① 다음 〈보기〉와 같이 이야기하십시오.

〈보기〉　　A : 무슨 계절을 좋아해요?
　　　　　B : 저는 겨울을 좋아해요. 아사코 씨는요?

❶ 운동 / 축구 / 나나 씨　　　　❷ 음식 / 삼계탕 / 마이클 씨

❸ 꽃 / 장미 / 선생님　　　　　❹ ☐ / ☐ / ☐

② 다음 〈보기〉와 같이 이야기하십시오.

〈보기〉　　A : 나나 씨는 왜 봄을 좋아해요?
　　　　　B : 날씨가 따뜻해서 봄을 좋아해요.

❶ 여름, 과일이 많다　　　　❷ 가을, 단풍이 아름답다

❸ 겨울, 눈이 오다　　　　　❹ ☐ , ☐

봄	여름	가을	겨울

새 단어 ▶▶ 단풍

③ 다음 〈보기〉와 같이 이야기하십시오.

〈보기〉 　　A : 이번 주말에 뭐 할 거예요?
　　　　　 B : 저는 고향에 가려고 해요.

❶ 오늘 오후 / 도서관, 공부하다　　　❷ 내일 / 방, 책을 읽다

❸ 다음 주 / 친구 집, 놀다　　❹ ☐ / ☐ , ☐

④ 두 사람이 백화점에서 이야기합니다. 〈보기〉와 같이 이야기하십시오.

〈보기〉 　　A : 뭘 살까요?
　　　　　 B : 구두나 운동화를 사요.

❶ 먹다 / 김밥, 떡볶이　　　❷ 만들다 / 케이크, 빵

❸ 하다 / 청소, 빨래　　❹ ☐ / ☐ , ☐

새 단어 ▶▶ 고향

① **다음을 듣고 물음에 답하십시오.**

　1) 다음을 듣고 빈칸에 써 보십시오.

　　❶ 오늘은 날씨가 [　　　　　　　] .

　　❷ "날씨가 무척 [　　　　　　　] ? 우리 김치찌개를 [　　　　　　　] ."

　　❸ 우리는 김치찌개를 아주 [　　　　　　] 먹었습니다.

　2) 두 사람은 왜 김치찌개를 먹었습니까?

　　❶ 날씨가 추워서

　　❷ 날씨가 좋아서

　　❸ 김치찌개를 좋아해서

　　❹ 김치찌개가 맛있어서

김치찌개

💿 **따라하십시오.**

[경음화]

재미있게[재미읻께]	여행 재미있게 하세요.
즐겁게[즐겁께]	방학 즐겁게 보내세요.
갈 거예요?[갈꺼에요]	어디에 갈 거예요?
춥지요?[춥찌요]	날씨가 무척 춥지요?
먹고[먹꼬]	저도 찌개를 먹고 싶었어요.

② 다음을 듣고 물음에 답하십시오.

1) 누가 해수욕장에 가려고 합니까?

❶ 나나

❷ 솔롱고

❸ 에밀리

❹ 니콜라이

2) 들은 내용과 같으면 O, 다르면 X 하십시오.

❶ 에밀리 씨는 할머니를 만날 겁니다. (　　)

❷ 솔롱고 씨는 수영을 배우려고 합니다. (　　)

❸ 니콜라이 씨는 고향에 가려고 합니다. (　　)

3) 니콜라이 씨는 무엇을 하려고 합니까?

❶ 수영을 하려고 해요.

❷ 가족들과 여행을 하려고 해요.

❸ 친구들과 해수욕장에 가려고 해요.

❹ 미국에 가서 친구들을 만나려고 해요.

4) 나나 씨는 이번 여름 방학에 무엇을 하려고 합니까?

새 단어 ▶▶ 해수욕장　유럽

③ 다음을 듣고 물음에 답하십시오.

1) 내일 최고 기온과 최저 기온은 몇 도입니까?

❶ 최고 기온 17℃, 최저 기온 7℃   ❷ 최고 기온 27℃, 최저 기온 19℃

❸ 최고 기온 29℃, 최저 기온 17℃   ❹ 최고 기온 27℃, 최저 기온 17℃

2) 모레 날씨는 어떻습니까?

❶   ❷   ❸   ❹

3) 내일은 무엇이 필요합니까?

❶ 우산   ❷ 양산   ❸ 마스크   ❹ 모자

4) 비는 언제 그칩니까?

5) 들은 내용과 같으면 O, 다르면 X 하십시오.

내일 날씨	모레 날씨
❶ 내일은 맑아요. ( )	❶ 모레는 비가 그쳐요. ( )
❷ 내일은 하루 종일 바람이 불어요. ( )	❷ 모레는 날씨가 좋아요. ( )

새 단어 ▶▶ 종일   시청자   출근길   운전   조심하다   필요하다   양산   마스크

① 다음 글을 읽고 물음에 답하십시오.

> 한국의 가을 하늘은 참 아름답습니다. 하늘이 매우 맑고 높습니다. 가을은 독서의 계절입니다. 날씨가 덥지 않고 시원해서 사람들은 책을 많이 읽습니다.
> 가을에는 비가 많이 오지 않고 날씨가 좋아서 사람들은 등산과 여행을 많이 합니다. 산의 나무들은 예쁘게 단풍이 듭니다. 사람들은 산에서 단풍 구경을 합니다.
> 저는 가을에 책도 많이 읽고, 여행도 많이 다니고, 공부도 더 열심히 하려고 합니다.

1) 위 글의 내용과 <u>다른</u> 것을 고르십시오.

❶ 산에 사람들이 많이 갑니다.   ❷ 하늘이 아름답고 높습니다.

❸ 사람들은 독서를 많이 합니다.   ❹ 비가 오지 않아서 단풍이 듭니다.

2) 가을이 왜 독서의 계절입니까?

❶ 하늘이 높아서   ❷ 단풍이 예뻐서

❸ 날씨가 좋아서   ❹ 눈이 오지 않아서

3) 가을에 무엇을 합니까? O, X를 하십시오.

	독서	등산	여행	단풍 구경	공부
사람들					

새 단어 ▶▶ 높다   독서   (단풍이)들다   구경

② 다음 글을 읽고 물음에 답하십시오.

> 우리 나라는 비가 많이 오지 않아서 매우 건조합니다. 그리고 여름이 짧고 겨울이 깁니다. 1년의 반이 겨울입니다.
>
> 봄에는 날씨가 자주 변합니다. 바람도 많이 불고 낮과 밤의 기온 차이도 큽니다. 여름에는 낮이 매우 깁니다. 기온은 높지만 습도가 높지 않아서 많이 덥지 않습니다. 가을은 매우 짧고 쌀쌀합니다. 겨울은 길고 춥습니다. 기온은 영하 25도 정도이고 밤에는 더 내려갑니다. 그러나 바람은 많이 불지 않습니다.

1) 이 나라의 날씨가 <u>아닌</u> 것은 무엇입니까?

❶ 여름은 낮이 길고 기온이 높습니다.

❷ 겨울은 바람이 많이 불고 춥습니다.

❸ 날씨가 건조하고 비가 많이 오지 않습니다.

❹ 봄에는 날씨가 자주 변하고, 하루 기온 차이가 큽니다.

2) 여름은 왜 덥지 <u>않습니까</u>?

❶ 낮이 길어서   ❷ 기온 차이가 커서

❸ 바람이 많이 불어서   ❹ 습도가 높지 않아서

3) 어떤 계절이 가장 깁니까?

❶ 봄   ❷ 여름   ❸ 가을   ❹ 겨울

4) 〈보기〉와 같이 날씨에 맞는 계절을 고르십시오.

> 〈보기〉 쌀쌀합니다.(봄 / 여름 / (가을) / 겨울)

❶ 낮이 깁니다.(봄 / 여름 / 가을 / 겨울)

❷ 매우 춥습니다.(봄 / 여름 / 가을 / 겨울)

❸ 바람이 많이 붑니다.(봄 / 여름 / 가을 / 겨울)

❹ 비가 많이 오지 않아서 건조합니다.(봄 / 여름 / 가을 / 겨울)

새 단어 ▶▶ 짧다 변하다 차이 습도

① 여러분 나라의 계절은 어떻습니까? 다음 〈보기〉와 같이 쓰십시오.

〈보기〉　　한국은 사계절이 있습니다.

봄은 따뜻하고 꽃이 많이 핍니다.

여름은 비가 많이 오고 매우 덥습니다.

가을은 시원하고 하늘이 맑습니다.

겨울은 눈이 많이 오고 아주 춥습니다.

꽃이 많이 피어서 저는 봄을 좋아합니다.

새 단어 ▶▶ 사계절　피다

② 〈보기〉와 같이 방학 계획을 쓰십시오.

〈보기〉　　　저는 이번 방학에 중국에 갈 거예요. 먼저 친구들을 만날 거예요. 친구들과 이야기를 많이 하려고 해요. 또 친구들과 같이 여행을 하고 중국 역사와 문화도 다시 공부하려고 해요. 그리고 한국 친구들에게 중국 문화를 이야기해 줄 거예요.
　　　저는 이번 방학에 계획이 매우 많아요. 날씨가 덥겠지만 방학을 재미있게 보내고 싶어요.

새 단어 ▶▶ 계획　역사　문화

① 여러분은 무슨 계절을 좋아합니까? 왜 좋아합니까? 사람들은 그 계절에 보통 무엇을 합니까? 친구와 이야기하십시오.

계절	왜 그 계절을 좋아합니까?	사람들은 무엇을 합니까? 여러분은 무엇을 하려고 합니까?
봄	• 따뜻하다 • 꽃이 피다 •	• 친구하고 차를 마시다 • 공원에서 산책을 하다 •
여름	• 비가 많이 오다 • 덥지만 방학이 있다 •	• 산이나 바다에 가다 • 바다에서 수영을 하다 •
가을	• 시원하다 • 춥지도 않고 덥지도 않다 • 단풍이 들어서 경치가 아름답다 •	• 등산을 가다 • 여행을 가다 • 단풍을 구경하다 •
겨울	• 눈이 오다 • 춥지만 하늘이 맑다 •	• 스키를 타다 • 눈사람을 만들다 •

새 단어 ▶▶ 경치 스키 타다

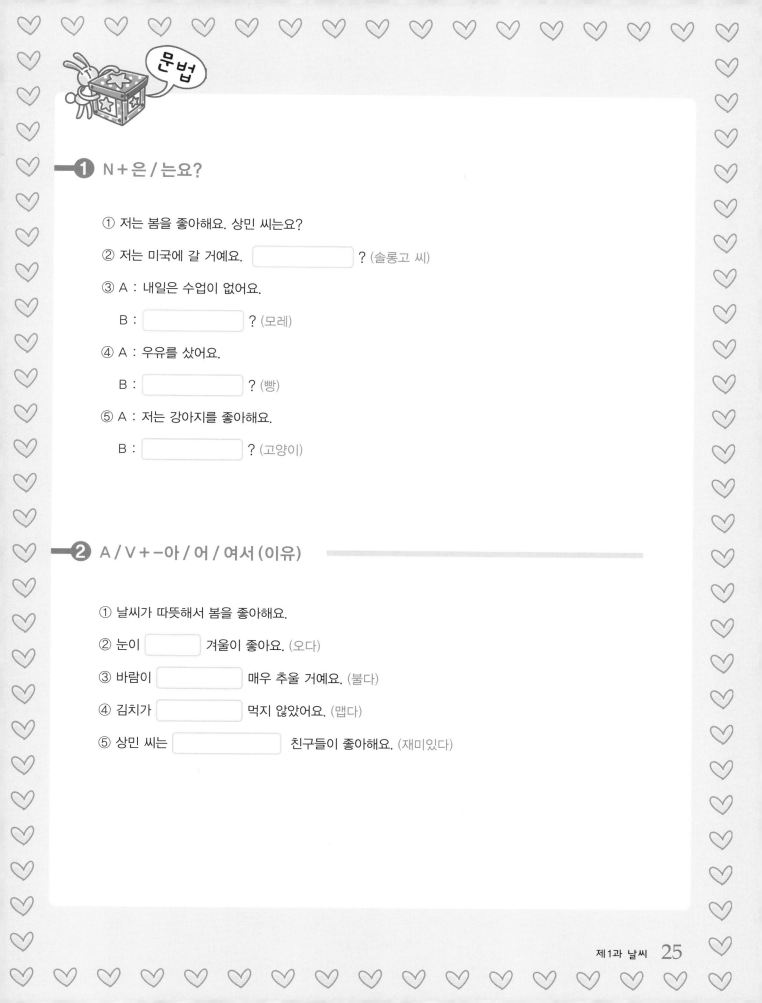

① N + 은 / 는요?

① 저는 봄을 좋아해요. 상민 씨는요?

② 저는 미국에 갈 거예요. [   ] ? (솔롱고 씨)

③ A : 내일은 수업이 없어요.

　 B : [   ] ? (모레)

④ A : 우유를 샀어요.

　 B : [   ] ? (빵)

⑤ A : 저는 강아지를 좋아해요.

　 B : [   ] ? (고양이)

② A / V + -아 / 어 / 여서 (이유)

① 날씨가 따뜻해서 봄을 좋아해요.

② 눈이 [   ] 겨울이 좋아요. (오다)

③ 바람이 [   ] 매우 추울 거예요. (불다)

④ 김치가 [   ] 먹지 않았어요. (맵다)

⑤ 상민 씨는 [   ] 친구들이 좋아해요. (재미있다)

❸ V + -(으)려고 하다

① 저는 미국에 가려고 해요.

② 밥을 먹고 커피를 [   ] . (마시다)

③ 내년에는 학교 근처에서 [   ] . (살다)

④ 오후에는 시험공부를 [   ] . (하다)

⑤ 날씨가 추워서 옷을 더 [   ] . (입다)

❹ N + (이)나 (선택)

① 날씨가 더워서 산이나 바다에 가려고 해요.

② 포도 [   ] 수박을 사려고 해요.

③ 동생 생일에 운동화 [   ] 화장품을 주려고 해요.

④ 저는 항상 저 서점에서 신문 [   ] 잡지를 사요.

⑤ 이번 방학에는 제주도 [   ] 부산에 가려고 해요.

❺ A + -게 + V

① 여행 재미있게 하세요.

② 방학 [   ] 보내세요. (즐겁다)

③ 민수 씨는 [   ] 말했어요. (크다)

④ 방을 [   ] 청소했어요. (깨끗하다)

⑤ 오늘 친구가 옷을 [   ] 입었어요. (멋있다)

6 V + -(으)ㅂ시다

기본형	-아/어요	-(으)ㅂ시다	기본형	-아/어요	-(으)ㅂ시다
가다	가요	갑시다	입다		입읍시다
보다	봐요		씻다		
주다		줍시다	읽다		
만나다			앉다	앉아요	
기다리다			먹다		
공부하다	공부해요		넣다		
청소하다			돕다	도와요	

① 내일은 옷을 많이 입읍시다.

② 주말에는 방을 청소합시다.

③ 같이 [   ]. (먹다)

④ 여기 [   ]. (앉다)

⑤ 도서관에 [   ]. (가다)

⑥ 가방에 책을 [   ]. (넣다)

⑦ 먼저 손을 [   ]. (씻다)

⑧ 여기에서 [   ]. (기다리다)

⑨ 내일은 학교에서 [   ]. (공부하다)

⑩ 선생님이 바빠요. 선생님을 [   ]. (돕다)

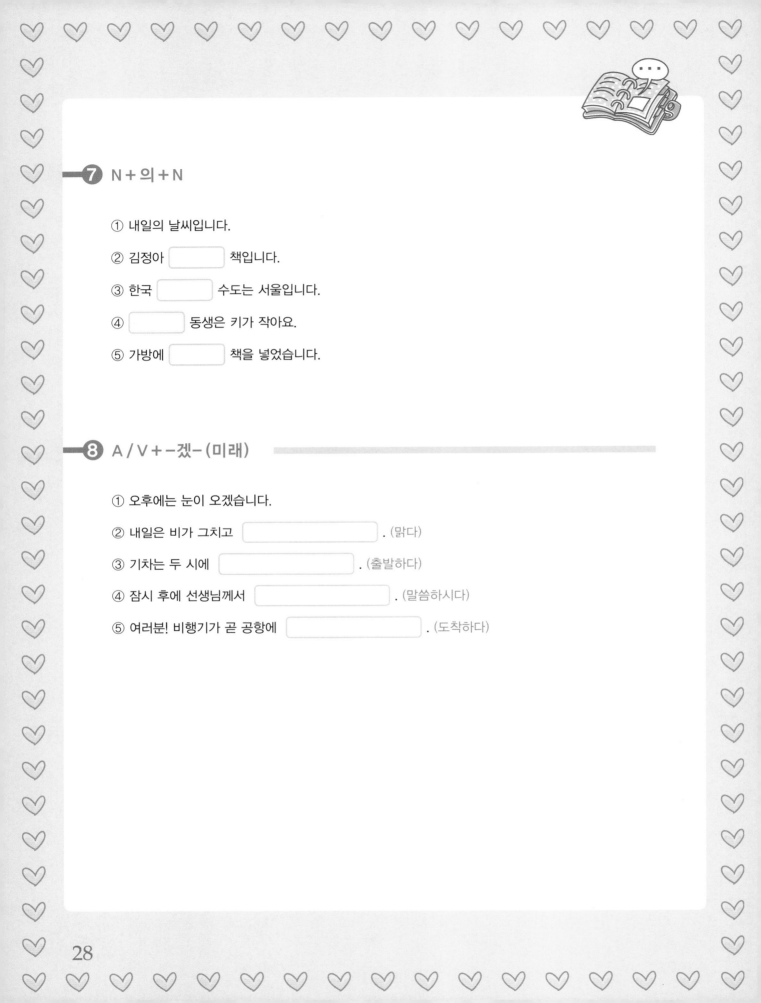

7 N + 의 + N

① 내일의 날씨입니다.

② 김정아 _____ 책입니다.

③ 한국 _____ 수도는 서울입니다.

④ _____ 동생은 키가 작아요.

⑤ 가방에 _____ 책을 넣었습니다.

8 A / V + -겠- (미래)

① 오후에는 눈이 오겠습니다.

② 내일은 비가 그치고 _____ . (맑다)

③ 기차는 두 시에 _____ . (출발하다)

④ 잠시 후에 선생님께서 _____ . (말씀하시다)

⑤ 여러분! 비행기가 곧 공항에 _____ . (도착하다)

도입

1. 경복궁이 어디에 있어요?
2. 경복궁에 어떻게 가요?
3. 서울에서 부산까지 어떻게 가요?

2과

교통

동　동　실례합니다. 경복궁에 어떻게 가야 해요?

여　자　저기 약국 앞 정류장에서 버스를 타세요.

　　　　하지만 지금은 길이 많이 막혀서

　　　　버스보다 지하철이 좋을 거예요.

동　동　지하철역이 근처에 있어요?

여　자　네, 저기에 서울역이 있어요.

　　　　거기에서 1호선을 타고 종로3가역으로 가서 3호선으로 갈아타세요.

　　　　그리고 경복궁역에서 내리세요.

동　동　감사합니다.

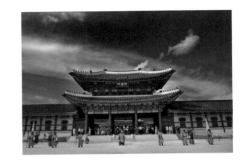

표현
- 경복궁에 어떻게 가야 해요?　　　　　　　● 종로3가역으로 가서 3호선으로 갈아타세요.

나　나　우체국에 가려고 하는데 길 좀 가르쳐 주시겠어요?

남　자　사거리에서 오른쪽으로 가세요.

　　　　그리고 서점 앞에서 길을 건너서 앞으로

　　　　가세요.

　　　　그러면 은행 옆에 우체국이 있어요.

나　나　우체국까지 얼마나 걸려요?

남　자　10분쯤 걸릴 거예요.

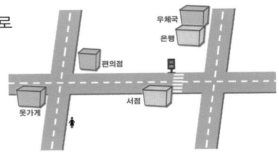

표현
- 우체국에 가려고 하는데 길 좀 가르쳐 주시겠어요?　　● 길을 건너서 앞으로 가세요.
- 우체국까지 얼마나 걸려요?　　　　　　　　　　　　● 10분쯤 걸릴 거예요.

새 단어 ▶▶ 경복궁 정류장 버스 타다 지하철역 역 –호선 갈아타다 내리다 건너다 그러면 얼마나 걸리다

본문 3

동 동	서울에서 부산까지 버스로 얼마나 걸려요?
상 민	버스로는 다섯 시간쯤 걸려요.
동 동	KTX로는 얼마나 걸려요?
상 민	KTX로는 세 시간쯤 걸려요.
동 동	우리는 시간이 없으니까 KTX를 탑시다.
상 민	좋아요.

서울 →부산

표현

● 서울에서 부산까지 버스로 얼마나 걸려요?

본문 4

동동 씨는 목요일에 민수 씨한테 전화를 걸었습니다.

"민수 씨, 주말에 시간 있어요? 상민 씨하고 함께 부산에 가서 민수 씨를 만나고 싶어요."

민수 씨는 반갑게 말했습니다.

"좋아요. 저도 보고 싶어요. 그런데 어떻게 올 거예요?"

"서울역에서 토요일 오후 3시에 KTX를 타려고 해요. 부산에 6시쯤 도착할 거예요."

"그럼 제가 6시에 부산역에 갈까요?"

"아니에요. 오지 마세요. 상민 씨가 민수 씨 집을 알아요. 그래서 택시로 민수 씨 집에 가려고 해요."

토요일에 동동 씨는 상민 씨와 함께 KTX를 타고 부산에 갔습니다. 두 사람은 민수 씨와 함께 이틀 동안 부산에서 재미있게 보냈습니다.

표현

● 부산에 6시쯤 도착할 거예요.

새 단어 ▶▶ 부산 KTX 어떻게 택시 이틀 동안

① 다음 〈보기〉와 같이 이야기하십시오.

〈보기〉 A : 명동에 어떻게 가야 해요?
B : 저기 노량진역에서 1호선을 타세요.
그리고 서울역에서 4호선으로 갈아타고 명동역에서 내리세요.

노량진 1호선 서울역 4호선 명동

❶ A : 고속버스터미널
B : 사당역, 4호선, 총신대입구, (   )

사당 4호선 총신대입구(이수) 7호선 고속터미널

❷ A : 광화문
B : 신사역, 3호선, (   ), (   )

신사 3호선 종로3가 5호선 광화문

❸ A : 경복궁
B : 이대역, (   ), (   ), (   )

이대 2호선 을지로3가 3호선 경복궁

❹ A : 잠실
B : (   ), (   ), (   ), (   )

동대문 4호선 동대문역사문화공원 2호선 잠실

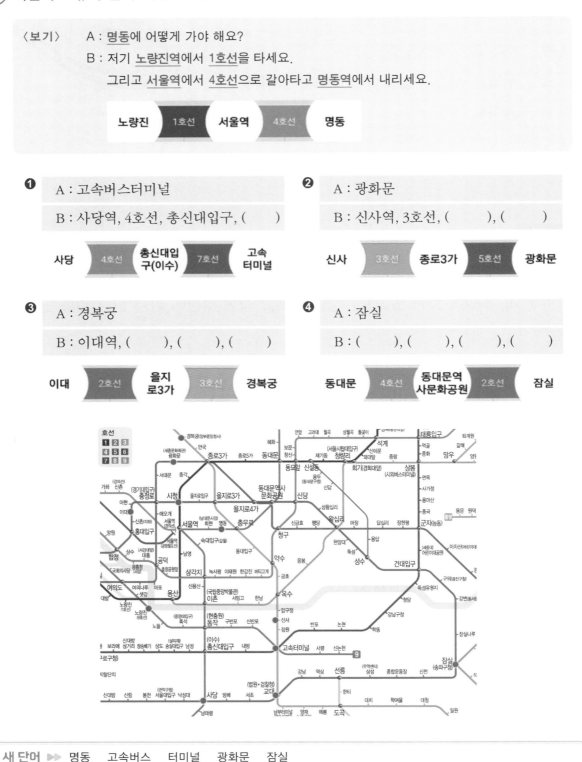

새 단어 ▶▶ 명동   고속버스   터미널   광화문   잠실

② 다음 〈보기〉와 같이 이야기하십시오.

〈보기〉   A : 백화점에 가려고 하는데 여기에서 몇 번 버스를 타야 해요?
         B : 저기 정류장에서 402번 버스를 타세요.
            그리고 천안역에서 내려서 1번 버스로 갈아타세요.

❶ A : 순천향 병원
   B : 430번, 온양온천역, 900번

❷ A : 아산아파트
   B : 565번, 신설동, 4번

❸ A : 전주식당
   B : 772번, 동대문, 11번

❹ A : 남대문 시장
   B : 105번, 명동, 604번

③ 다음 〈보기〉와 같이 이야기하십시오.

〈보기〉   A : 서울에서 대전까지 얼마나 걸려요?
         B : 버스로 2시간 걸려요.

❶ A : 서울 – 천안아산
   B : KTX, 40분

❷ A : 서울 – 제주
   B : 비행기, 1시간

❸ A : 서울역 – 명동역
   B : 지하철, 3분

❹ A :
   B :

④ 다음 〈보기〉와 같이 이야기하십시오.

〈보기〉

KTX, 1시간
고속버스, 1시간 30분
시간이 없다

A : KTX로는 1시간 걸리고 고속버스로는
1시간 30분 걸려요.
B : 시간이 없으니까 KTX를 탑시다.

❶ A : 택시, 30분 / 버스, 1시간

B : 택시는 비싸다

❷ A : 지하철, 20분 / 버스, 1시간

B : 길이 막히다

❸ A : 비행기, 1시간 / 배, 6시간

B : 돈이 없다

❹ A :

B :

⑤ 다음 〈보기〉와 같이 이야기하십시오.

〈보기〉 A : 지금 선생님께 전화할까요?
B : 너무 늦었으니까 전화하지 마세요.

❶ A : 지금 슈퍼마켓에 가다

B : 비가 오다

❷ A : 창문을 닫다

B : 덥다

❸ A : 버스로 가다

B : 길이 막히다

❹ A :

B :

새 단어 ▶▶ 비행기   배

34

6 다음 〈보기〉와 같이 이야기하십시오.

〈보기〉　　A : 부산에 가서 얼마 동안 있을 거예요?
　　　　　 B : 1일부터 3일까지 사흘 동안 있을 거예요.
　　　　　 A : 재미있게 보내고 오세요.
　　　　　 B : 고마워요. 그럼 사흘 후에 만나요.

❶ 20, 21, 이틀　　　　　　　　❷ 16, 19, 나흘

❸ 6, 15, 보름　　　　　　　　 ❹ _____ , _____ , _____

 같이 배워 봅시다.

날 ★

	1일	2일	3일	4일	10일	15일
	하루	이틀	사흘	나흘	열흘	보름

① 다음을 듣고 물음에 답하십시오.

1) 이 사람은 서울역까지 무엇을 타고 가겠습니까?

❶ 기차   ❷ 버스

❸ 택시   ❹ 지하철

2) 이 사람은 몇 호선을 타야 합니까?

❶ 2호선, 5호선   ❷ 3호선, 1호선

❸ 2호선, 1호선   ❹ 3호선, 2호선

3) 이 사람은 어디에서 갈아타야 합니까?

❶ 서울역   ❷ 시청역

❸ 신촌역   ❹ 사당역

② 다음을 듣고 물음에 답하십시오.

1) 두 사람은 어디에서 어디까지 가려고 합니까?

2) 두 사람은 무엇을 타려고 합니까?

❶ 무궁화호   ❷ 지하철

❸ 고속버스   ❹ KTX

3) 두 사람은 왜 그것을 탑니까?

❶ 길이 막혀서   ❷ 요금이 싸서

❸ 시간이 있어서   ❹ 고속버스터미널이 가까워서

새 단어 ▶▶ 무궁화호   가깝다   요금

③ 다음을 듣고 물음에 답하십시오.

1) 몇 번 버스가 박물관에 갑니까?

❶ 501번, 223번   ❷ 502번, 103번

❸ 502번, 213번   ❹ 501번, 203번

2) 박물관은 어디에 있습니까?

❶ 용산역 1번 출구 앞에   ❷ 이촌역 2번 출구 앞에

❸ 이촌역 1번 출구 앞에   ❹ 신용산역 2번 출구 앞에

3) 들은 내용과 같으면 O, 다르면 X 하십시오.

❶ 버스는 다섯 대가 있어요. (　　)

❷ 근처에 버스정류장이 없어요. (　　)

❸ 두 사람이 같이 박물관에 가요. (　　)

❹ 버스나 지하철로 박물관에 가요. (　　)

새 단어 ▶▶ 박물관　출구

① **다음 글을 읽고 물음에 답하십시오.**

> 오늘은 서울광장에 갔습니다. 길이 많이 막혀서 지하철을 탔습니다. 우리는 신사역에서 3호선을 타고 을지로3가역에서 2호선으로 갈아탔습니다. 그리고 두 정류장을 가서 시청역에서 내렸습니다. 서울광장에서 사진 전시회를 봤습니다. 한국의 지하철은 매우 복잡하지만 참 편리합니다.

1) 이 사람은 어디에서 지하철을 타고 내렸습니까?

   ❶ 신사역, 시청역   ❷ 신사역, 을지로3가역

   ❸ 시청역, 신사역   ❹ 을지로3가역, 시청역

2) 왜 지하철을 탔습니까?

   ❶ 길이 막혀서   ❷ 지하철이 편리해서

   ❸ 지하철역이 가까워서   ❹ 버스에 사람이 많아서

3) 이 사람은 어디에 갔습니까? 거기에서 무엇을 했습니까?

   ❶

   ❷

새 단어 ▶▶ 광장 　전시회 　복잡하다

 다음 글을 읽고 물음에 답하십시오.

> 내일은 부산에 갈 겁니다. 서울에서 부산까지 고속버스로는 다섯 시간 걸리고 KTX로는 세 시간 걸립니다. 모레 수업이 있어서 내일 다시 서울로 돌아와야 합니다. 그래서 시간이 없어서 KTX를 타려고 합니다. KTX는 좀 비싸지만 매우 빠릅니다.
>
> 저는 부산에 가서 친구를 만나려고 합니다. 친구와 함께 영화제에 가려고 합니다. 영화제에 가서 영화도 보고 영화배우들도 보고 싶습니다. 영화부터 보고 저녁을 먹을 겁니다. 저녁에는 생선회를 먹으려고 합니다.

1) 부산에서 무엇을 하려고 합니까? <u>모두</u> 고르십시오.

❶ 영화를 보려고 합니다.   ❷ 영화를 찍으려고 합니다.

❸ 생선회를 먹으려고 합니다.   ❹ 배우들을 만나려고 합니다.

2) KTX는 버스보다 얼마나 빠릅니까?

❶ 1시간   ❷ 2시간   ❸ 3시간   ❹ 4시간

3) 왜 내일 서울로 다시 돌아옵니까?

❶ 영화제가 끝나서   ❷ 모레 수업을 들어야 해서

❸ 내일 선생님을 만나야 해서   ❹ 모레 친구와 약속이 있어서

4) 위 글의 내용과 같으면 O, 다르면 X를 하십시오.

❶ 내일은 수업이 없습니다. (   )

❷ 부산에서 서울까지 KTX로 가려고 합니다. (   )

❸ 수업이 있어서 모레 서울로 돌아갈 겁니다. (   )

❹ 친구와 함께 저녁을 먼저 먹고 영화를 볼 겁니다. (   )

새 단어 ▶▶ 영화제   배우   생선회   빠르다   찍다

① 다음을 보고 쓰십시오.

1)

여기는 고속터미널이에요. 홍대입구에 가려고 해요. 어떻게 가야 해요?

먼저 9호선을 타세요. 그리고 당산역까지 가서 2호선으로 갈아타세요.
신촌 다음에 홍대입구가 있어요.

고속
터미널   9호선   당산   2호선   홍대입구

2)

여기는 서대문이에요. 명동에 가려고 해요. 어떻게 가야 해요?

서대문   5호선   동대문역
사문화공원   4호선   명동

3)

여기는 서울역이에요. 여러분은 어디에 가려고 해요? 어떻게 갈 거예요?

새 단어 ▶▶ 입구

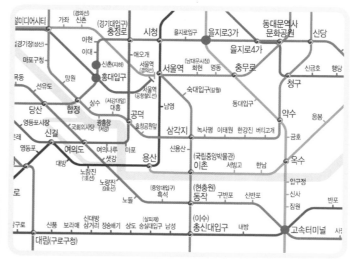

② 다음을 보고 쓰십시오.

1) 서점에 어떻게 가야 해요?

----

2) 은행은 어떻게 가야 해요?

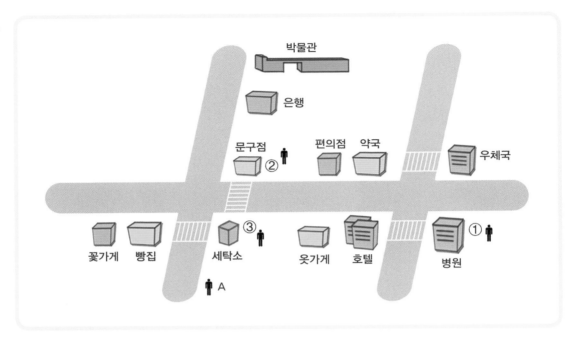

〈보기〉 A : 약국에 가려고 하는데 길 좀 가르쳐 주시겠어요?

B : 세탁소 앞에서 길을 건너서 오른쪽으로 가세요. 편의점 옆에 약국이 있어요.

❶ 옷가게

❷ 호텔

❸ 박물관

❹

❺

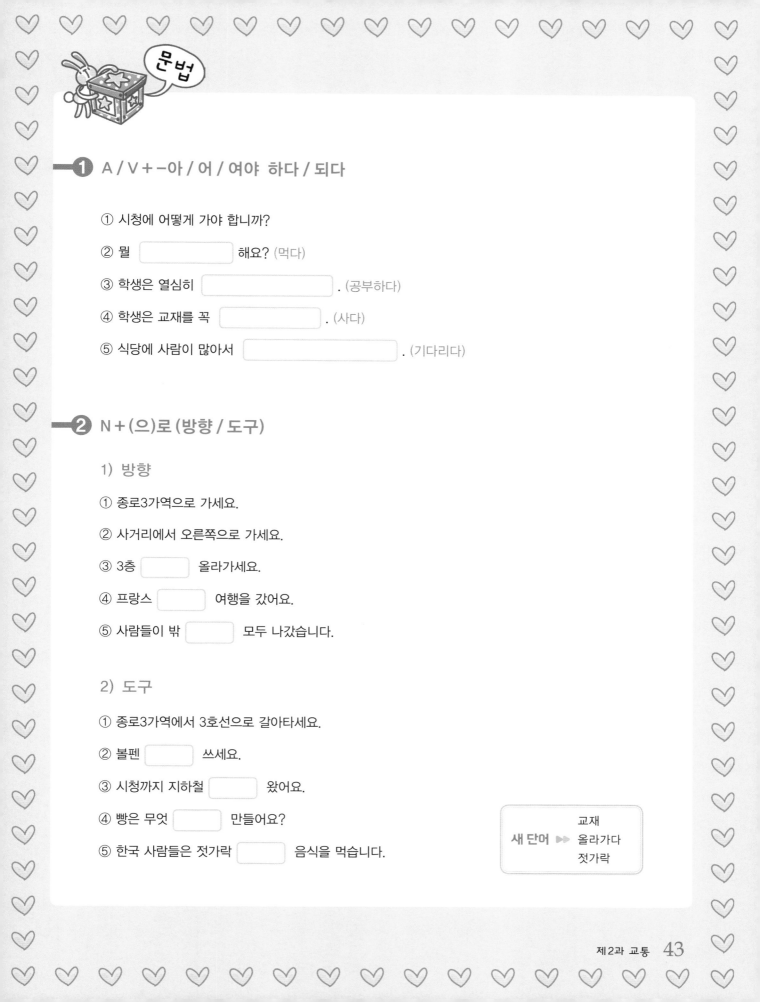

문법

❶ A / V + -아 / 어 / 여야 하다 / 되다

① 시청에 어떻게 가야 합니까?

② 뭘 [ ] 해요? (먹다)

③ 학생은 열심히 [ ] . (공부하다)

④ 학생은 교재를 꼭 [ ] . (사다)

⑤ 식당에 사람이 많아서 [ ] . (기다리다)

❷ N + (으)로 (방향 / 도구)

1) 방향

① 종로3가역으로 가세요.

② 사거리에서 오른쪽으로 가세요.

③ 3층 [ ] 올라가세요.

④ 프랑스 [ ] 여행을 갔어요.

⑤ 사람들이 밖 [ ] 모두 나갔습니다.

2) 도구

① 종로3가역에서 3호선으로 갈아타세요.

② 볼펜 [ ] 쓰세요.

③ 시청까지 지하철 [ ] 왔어요.

④ 빵은 무엇 [ ] 만들어요?

⑤ 한국 사람들은 젓가락 [ ] 음식을 먹습니다.

> **새 단어 ▶▶** 교재
> 올라가다
> 젓가락

3 A / V + -아 / 어 / 여서 (순서)

① 길을 건너서 계속 앞으로 가세요.

② 도서관에 [   ] 공부합시다. (가다)

③ 친구를 [   ] 같이 영화를 봤어요. (만나다)

④ 우리는 의자에 [   ] 이야기를 했어요. (앉다)

⑤ 사과를 [   ] 먹었어요. (씻다)

4 A / V + -(으)ㄴ / 는데
N + (이)ㄴ데

① 우체국에 가려고 하는데 길 좀 가르쳐 주시겠어요?

② 비가 [   ] 우산 있으세요? (오다)

③ 백화점에 [   ] 같이 가시겠어요? (가다)

④ 여기는 [   ] 교실 안에서 이야기 할까요? (춥다)

⑤ 점심시간 [   ] 식사 안 하세요? (이다)

5 N + 에서 / 부터 N + 까지

① 서울에서 부산까지 다섯 시간 걸려요.

② 이 식당은 세 시부터 다섯 시까지 쉽니다.

③ 친구하고 집 [   ] 역 [   ] 같이 갔어요.

④ 도서관에서 세 시 [   ] 네 시 [   ] 공부를 했어요.

⑤ 오전에는 9시 [   ] 1시 [   ] 수업이 있어요.

6 A / V + -(으)니까

① 우리는 시간이 없으니까 KTX를 탑시다.

② 오늘은 [   ] 일찍 집에 들어갑시다. (피곤하다)

③ 이 식당의 불고기가 [   ] 여기서 먹어요. (유명하다)

④ 내일이 동동 씨의 [   ] 파티를 합시다. (생일이다)

⑤ 어제 일을 많이 [   ] 오늘은 쉽시다. (하다)

7 N + 한테 / 께

① 친구한테 전화를 걸었어요.

② 선생님께 전화할까요?

③ 친구 [   ] 이메일을 보냈어요.

④ 부모님 [   ] 편지를 썼어요.

⑤ 할아버지 [   ] 생신 선물을 드렸어요.

8 V + -지 말다

① 기차역에 오지 마세요.

② 고속버스를 타지 말고 KTX를 탑시다.

③ 술을 많이 [   ] . (마시다)

④ 여기에서 사진을 [   ] . (찍다)

⑤ 저녁에는 불고기를 [   ] 김치찌개를 먹읍시다. (먹다)

새 단어 ▶▶ 들어가다 / 생신

도입

1. 이 사람들이 무엇을 해요?
2. 여러분은 무슨 운동을 좋아해요?
3. 친구들은 무슨 운동을 잘해요?

3과

운동

마이클 이 사람이 상민 씨 형이지요? 농구 선수예요?

상 민 아니요, 하지만 형은 농구를 좋아해서

주말마다 친구들과 농구를 해요.

마이클 상민 씨도 형처럼 농구를 좋아해요?

상 민 네, 저도 형처럼 농구를 좋아해요.

마이클 그럼 이번 주말에 우리 같이 농구하러 갈까요?

상 민 그래요. 이번 주말에 농구하러 가요.

표현
● 저도 형처럼 농구를 좋아해요.

정 아 동동 씨, 지금 누가 축구를 하고 있어요?

동 동 우리 반과 고급반 친구들이 하고 있어요.

정 아 동동 씨는 왜 축구를 하지 않아요?

동 동 오늘은 다리가 아파서 축구를 할 수 없어요.

정 아 왜요? 다쳤어요?

동 동 어제 넘어져서 다리를 조금 다쳤어요.

정 아 네? 많이 아프지요?

동 동 아니요, 괜찮아요.

다음 주에는 축구를 할 수 있을 거예요.

표현
● 오늘은 다리가 아파서 축구를 할 수 없어요.   ● 넘어져서 다리를 조금 다쳤어요.

새 단어 ▶▶ 누가   고급반   다치다   넘어지다

48

　제 친구들은 대부분 운동을 좋아합니다. 흐엉 씨는 농구를 좋아해서 매일 농구를 합니다. 흐엉 씨는 선수처럼 농구를 잘합니다. 안드레이 씨와 마이클 씨도 농구를 좋아하지만 흐엉 씨처럼 매일 하지 않습니다.

　마이클 씨는 배구 경기를 보러 자주 체육관에 갑니다. 나나 씨도 마이클 씨처럼 배구를 좋아합니다. 그래서 두 사람은 한 달에 한 번쯤 함께 배구를 보러 갑니다.

　동동 씨는 축구를 좋아합니다. 그런데 지난주에 계단에서 넘어져서 다리를 다쳤습니다. 그래서 오늘은 앉아서 구경만 했습니다. 일주일 동안 축구를 할 수 없을 겁니다. 빨리 나아서 축구를 하고 싶습니다.

표현
● 두 사람은 한 달에 한 번쯤 함께 배구를 보러 갑니다.

새 단어 ▶▶ 대부분　선수　경기　계단　낫다

농구(를) 하다	축구(를) 하다	배구(를) 하다	야구(를) 하다

수영(을) 하다	태권도(를) 하다	조깅(을) 하다	헬스(를) 하다

볼링(을) 치다	배드민턴(을) 치다	테니스(를) 치다	골프(를) 치다

탁구(를) 치다	자전거(를) 타다	스키(를) 타다	스케이트(를) 타다

 -장 ⭐

스키장   배구장   탁구장   축구장   야구장   농구장

① 다음 〈보기〉와 같이 이야기하십시오.

〈보기〉　　A : 우리 형은 농구 선수처럼 농구를 잘해요.
　　　　　B : 우리 누나는 가수처럼 노래를 잘해요.

❶　A : 에밀리 씨, 한국 사람, 한국어를 잘하다

　　B : 정아 씨, 미국 사람, 영어를 잘하다

❷　A : 형, 요리사, 요리를 잘하다

　　B : 오빠, 피아니스트, 피아노를 잘 치다

❸　A : 언니, 모델, 키가 크다

　　B : 동생, 토끼, 귀엽다

❹　A : 엄마,

　　B : 아빠,

② 다음 〈보기〉와 같이 이야기하십시오.

〈보기〉　　A : 어디 가세요?
　　　　　B : 체육관에 농구하러 가요.

❶ 극장, 영화 보다　　　　　　❷ 약국, 약 사다

❸ 도서관,　　　　　　　　　　❹ 　　　　　,

새 단어 ▶▶ 피아니스트　　모델

③ 다음 〈보기〉와 같이 이야기하십시오.

〈보기〉

A : 이 사람은 뭐 하고 있어요?

B : <u>커피를 마시고</u> 있어요.

1) 전화를 하다   2) 커피를 마시다

3) 책을 보다   4) 텔레비전을 보다

5) 채팅하다   6) 친구와 이야기하다

❶ A :

B :

❷ A :

B :

❸ A :

B :

❹ A :

B :

④ 다음 〈보기〉와 같이 이야기하십시오.

〈보기〉   A : <u>수영</u>을 <u>할</u> 수 있어요?

B : 네, <u>수영</u>을 <u>할</u> 수 있어요. /

아니요, <u>수영</u>을 <u>할</u> 수 없어요.

❶ 김치찌개, 만들다

❷ 탁구, 치다

❸ 영어, 하다

❹ 한국 신문, 읽다

❺ 자전거, 타다

❻ [   ] , [   ]

⑤ 다음 〈보기〉와 같이 이야기하십시오.

〈보기〉   A : 한국 음식을 다 좋아해요?
         B : 아니요, 갈비만 좋아해요.

❶ A : 운동, 잘하다

   B : 축구

❷ A : 한국 음식, 만들 수 있다

   B : 김밥

❸ A : 오전하고 오후, 수업이 있다

   B : 오전

❹ A :

   B :

① **다음을 듣고 물음에 답하십시오.**

1) 마이클 씨는 왜 스키장에 갈 수 없습니까?

❶ 시간이 없어서

❷ 다리가 아파서

❸ 좋아하지 않아서

❹ 스키를 탈 수 없어서

2) 정아 씨는 얼마나 자주 스키장에 갑니까?

❶ 한 달에 한 번   ❷ 보름에 한 번

❸ 두 달에 한 번   ❹ 일주일에 한 번

3) 정아 씨는 언제 누구와 어디에 무엇을 하러 갑니까?

❶ 언제	
❷ 누구와	
❸ 어디에	
❹ 무엇을 하러	

◉ **따라하십시오.**

[구개음화]

같이[가치]	이번 주말에 **같이** 농구 보러 가요.
똑같이[똑까치]	저는 정아 씨와 **똑같이** 스키를 좋아합니다.

② 다음을 듣고 물음에 답하십시오.

1) 여기는 어디입니까?

2) 여자는 여기에 몇 번 왔습니까?

❶ 한 번   ❷ 두 번

❸ 세 번   ❹ 네 번

3) 여자는 오늘 왜 여기에 왔습니까?

❶ 배구를 보고 싶어서   ❷ 친구를 만나고 싶어서

❸ 친구가 배구를 좋아해서   ❹ 기숙사에 있고 싶지 않아서

4) 매주 누가 여기에 옵니까?

❶ 여자   ❷ 여자의 친구

❸ 남자   ❹ 남자의 친구

새 단어 ▶▶ 따라오다   매주

3 다음을 듣고 물음에 답하십시오.

1) 홍메이 씨는 무슨 운동을 잘합니까?

   ❶ 탁구   ❷ 테니스

   ❸ 골프   ❹ 배드민턴

2) 홍메이 씨는 왜 테니스를 쳤습니까?

   ❶ 땀이 많이 나서   ❷ 테니스를 좋아해서

   ❸ 탁구장에 사람이 많아서   ❹ 탁구를 치고 싶지 않아서

3) 들은 내용과 같으면 O, 다르면 X 하십시오.

   ❶ 땀이 났습니다. (   )

   ❷ 기분이 상쾌했습니다. (   )

   ❸ 팔과 다리가 아팠습니다. (   )

   ❹ 테니스를 가끔 치려고 합니다. (   )

   ❺ 테니스장에 사람이 많았습니다. (   )

새 단어 ▶▶ (땀이)나다   상쾌하다   가끔

① 다음 글을 읽고 물음에 답하십시오.

> 마이클 씨는 야구 선수입니다. 하지만 팔을 다쳐서 오늘은 야구를 할 수 없습니다. 그래서 솔롱고 씨와 함께 야구 경기를 보러 왔습니다.
>
> "마이클 씨도 지금 야구를 하고 싶지요?"
>
> "네, 하고 싶지만 이번 주는 쉬어야 해요. 다음 주에는 할 수 있을 거예요. 솔롱고 씨 그때 꼭 보러 오세요."
>
> "네. 그럼 다음 주에 봐요."

1) 두 사람은 어디에 있습니까?

❶ 탁구장   ❷ 축구장   ❸ 야구장   ❹ 농구장

2) 마이클 씨는 왜 야구를 안 합니까?

❶ 팔을 다쳐서   ❷ 야구를 좋아하지 않아서

❸ 경기를 구경하고 싶어서   ❹ 솔롱고 씨가 오지 않아서

3) 위 글의 내용과 같으면 O, 다르면 X 하십시오.

❶ 솔롱고 씨는 자주 야구 경기를 보러 와요. (   )

❷ 두 사람은 다음 주에 야구장에 있을 거예요. (   )

❸ 마이클 씨는 오늘 야구를 하지 않으려고 해요. (   )

❹ 마이클 씨는 이번 주에 야구를 할 수 없을 거예요. (   )

❺ 솔롱고 씨는 오늘 마이클 씨의 경기를 보러 왔어요. (   )

② 다음 글을 읽고 물음에 답하십시오.

> 저는 중학교 때는 축구를 좋아했습니다. 수업이 끝나고 항상 학교에서 친구들과 축구를 했습니다. 지금도 그 친구들을 만나서 가끔 축구를 하고 같이 축구 경기도 보러 갑니다.
>
> 고등학교 때는 친구와 같이 테니스를 쳤습니다. 1학년 때는 학교 테니스장에서 매일 연습을 했습니다. 그래서 선수처럼 잘 칠 수 있었습니다. 그러나 3학년 때는 대학 입학시험 공부를 해야 해서 테니스를 칠 수 없었습니다. 그때의 친구는 지금 대학에서 체육을 공부하고 있습니다.
>
> 대학교에 입학하고 시간이 많지 않아서 운동을 많이 할 수 없었습니다. 친구들도 시간이 없어서 주로 저 혼자 주말에 수영이나 헬스를 합니다. 하지만 가끔 고등학교 때 친구들을 만나서 테니스를 칩니다.

1) 친구들과 무슨 운동을 했습니까?

❶ 중학교 ―   ❷ 고등학교 ―

2) 대학교 때 왜 운동을 할 수 없었습니까?

❶ 바빠서   ❷ 친구가 없어서

❸ 선수가 아니어서   ❹ 입학시험 공부를 해야 해서

3) 위 글의 내용과 같은 것은 무엇입니까?

❶ 저는 고등학교 때는 테니스를 잘 쳤습니다.

❷ 저는 중학교 때보다 지금 운동을 많이 합니다.

❸ 고등학교 때 친구는 테니스를 잘 쳐서 대학교에 입학했습니다.

❹ 저는 대학교에 입학하고 친구가 없어서 테니스를 주로 쳤습니다.

새 단어 ▶▶ 중학교   때   되다   입학   체육   주로

① 겨울에는 무슨 운동을 합니까?

| ① | ② | ③ |

② 혼자 어떤 운동을 할 수 있습니까?

| ① | ② | ③ |

③ 친구와 함께 어떤 운동을 할 수 있습니까?

| ① | ② | ③ |

④ 여러분은 무슨 운동을 좋아합니까? 다음 〈보기〉와 같이 쓰십시오.

〈보기〉　　　저는 야구를 좋아합니다. 주말마다 야구장에 가서 야구를 구경합니다. 고등학교 때는 친구들과 야구를 많이 했습니다. 야구는 두 팀이 함께 하는데 한 팀이 9명입니다. 대학 입학하고 18명이 모일 수 없어서 야구를 할 수 없었습니다. 그래서 야구를 보러 야구장에 갑니다.

　　　보통 친구들하고 같이 가지만 가끔 혼자도 갑니다. 저는 야구를 보고 다음 한 주를 기분 좋게 시작합니다. 오늘은 우리 학교 야구팀의 경기가 있었습니다. 그래서 더욱 열심히 응원했습니다. 우리 팀이 이겼습니다.

새 단어 ▶▶ 팀　모이다　응원하다　이기다　더욱

1) 무슨 운동을 좋아합니까?

2) 얼마나 자주 합니까?

3) 어떻게 합니까?

① 무엇을 하고 있습니까? 그림을 보고 친구와 같이 이야기하십시오.

② 친구와 같이 이야기하십시오.

1) 운동

		친구이름 :
❶	무슨 운동을 할 수 있어요?	
❷	얼마나 자주 해요?	
❸	어디에서 해요?	
❹	누구하고 해요?	
❺		

2) 음식

		친구이름 :
❶	무슨 음식을 만들 수 있어요?	
❷	언제 배웠어요?	
❸	얼마나 자주 만들어요?	
❹		
❺		

3) 외국어

		친구이름 :
❶	어느 나라 말을 할 수 있어요?	
❷	언제 배웠어요?	
❸	배워서 무엇을 할 거예요?	
❹		
❺		

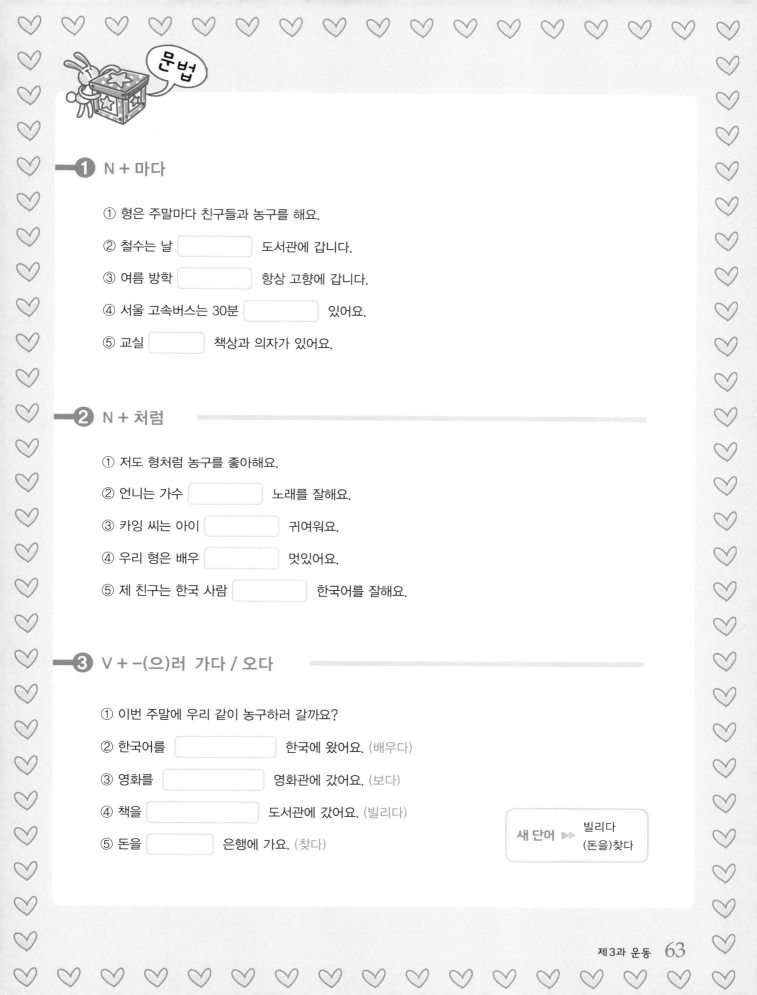

문법

1 N + 마다

① 형은 주말마다 친구들과 농구를 해요.

② 철수는 날 [   ] 도서관에 갑니다.

③ 여름 방학 [   ] 항상 고향에 갑니다.

④ 서울 고속버스는 30분 [   ] 있어요.

⑤ 교실 [   ] 책상과 의자가 있어요.

2 N + 처럼

① 저도 형처럼 농구를 좋아해요.

② 언니는 가수 [   ] 노래를 잘해요.

③ 카잉 씨는 아이 [   ] 귀여워요.

④ 우리 형은 배우 [   ] 멋있어요.

⑤ 제 친구는 한국 사람 [   ] 한국어를 잘해요.

3 V + -(으)러 가다 / 오다

① 이번 주말에 우리 같이 농구하러 갈까요?

② 한국어를 [   ] 한국에 왔어요. (배우다)

③ 영화를 [   ] 영화관에 갔어요. (보다)

④ 책을 [   ] 도서관에 갔어요. (빌리다)

⑤ 돈을 [   ] 은행에 가요. (찾다)

새 단어 ▶▶ 빌리다
(돈을)찾다

4 V + -고 있다

① 누가 축구를 하고 있어요?

② 형은 잠을 [   ] . (자다)

③ 동생은 음악을 [   ] . (듣다)

④ 정아 씨는 사전을 [   ] . (찾다)

⑤ 동동 씨는 구두를 [   ] . (신다)

5 V + -(으)ㄹ 수 있다 / 없다

① 다리가 아파서 축구를 할 수 없어요.

② 저는 김밥을 [   ] . (만들다)

③ 한국어 신문 [   ] . (읽다)

④ 길이 막혀서 1시까지 [   ] . (도착하다)

⑤ 비가 와서 많이 [   ] . (늦다)

6 N + 만

① 오늘은 앉아서 구경만 했어요.

② 외국어는 한국어 [   ] 배웠어요.

③ 저는 오늘 [   ] 집에서 쉴 거예요.

④ 오늘 학교에 지연 씨 [   ] 오지 않았어요.

⑤ 다른 운동은 좋아하지 않고 축구 [   ] 좋아해요.

⑦ 'ㅅ' 불규칙

기본형	-아/어요	-았/었어요	-아/어서	-(으)니까	-ㅂ/습니다
낫다	나아요	나았어요	나아서	나으니까	낫습니다
짓다					
붓다					
긋다					
젓다					
*벗다	벗어요		벗어서		
*빗다				빗으니까	
*씻다					

① 빨리 나아서 축구를 하고 싶습니다. (낫다)

② 이 기숙사는 작년에 [   ] . (짓다)

③ 어제 라면을 먹어서 얼굴이 [   ] . (붓다)

④ 커피에 설탕을 넣고 [   ] . (젓다)

⑤ 화장실에 가서 손을 [   ] . (씻다)

8 N + 때, A/V + -(으)ㄹ 때

① 고등학교 때 친구예요.

② 다섯 살 [ ] 부터 피아노를 배웠어요.

③ 이번 방학 [ ] 고향에 갈 거예요.

④ 시험 [ ] 라서 도서관에 사람이 많아요.

⑤ 점심 [ ] 는 사람이 너무 많아서 기다려야 해요.

⑥ 조깅을 할 때 음악을 듣습니다.

⑦ 시간이 [ ] 전화해 주세요. (있다)

⑧ 음식을 [ ] 말을 하지 마세요. (만들다)

⑨ 어제 마이클 씨가 [ ] 샤워를 하고 있었어요. (전화하다)

⑩ [ ] 는 부모님이 보고 싶어요. (아프다)

1. 시간이 있으면 뭐 해요?
2. 이번 주말에는 뭐 해요?
3. 영화를 좋아해요?

4과

취미

동　동　정아 씨는 시간이 있으면 뭐 해요?

정　아　저는 시간이 있으면 책을 읽거나 영화를 봐요.

동　동　저도 영화를 좋아해요.

　　　　요즘 무슨 영화가 재미있어요?

정　아　요즘 〈부산행〉을 상영하고 있어요. 보셨어요?

동　동　아니요, 아직 못 봤어요. 주말에 같이 볼래요?

정　아　네, 저도 보고 싶었어요.

표현

• 시간이 있으면 뭐 해요?　　　　• 책을 읽거나 영화를 봐요.

본문 2

정　아　마이클 씨는 취미가 뭐예요?

마이클　저는 음악을 좋아해요.

　　　　그래서 주말에 피아노를 치거나 음악을 들어요.

정　아　주로 무슨 음악을 들으세요?

마이클　저는 주로 최신 유행 음악을 들어요.

정　아　저는 고전 음악을 좋아해요.

　　　　이번 주말에 음악회에 가려고 표를 샀어요.

　　　　저랑 같이 갈래요?

마이클　네, 좋아요. 저도 갈래요.

표현

• 저랑 같이 갈래요?

새 단어 ▶▶ 요즘　상영하다　최신 유행 음악　고전 음악

우리 반 친구들은 취미가 다양합니다. 마이클 씨는 음악을 좋아합니다. 항상 음악을 듣습니다. 피아노도 잘 칩니다. 지난 번 아사코 씨의 생일 파티에서 피아노를 쳐서 친구들이 모두 좋아했습니다.

동동 씨의 취미는 영화 감상입니다. 매주 영화를 한두 편 정도 봅니다. 가끔 영화를 보고 글을 써서 인터넷에 올립니다. 요즘은 밤마다 한국 영화를 봅니다. 밤에 늦게까지 영화를 보면 피곤합니다. 하지만 학교에 가서 친구들과 영화 이야기를 하면 재미있습니다.

상민 씨의 취미는 낚시입니다. 한달에 두 번 호수나 강으로 낚시를 하러 갑니다. 지난달에는 바다에 다녀왔습니다. 바다에서 물고기를 많이 잡았습니다.

제 취미는 독서입니다. 저는 책을 다 좋아하지만 특히 소설책을 좋아합니다. 금요일마다 책을 빌리려고 도서관에 갑니다.

표현
- 책을 빌리려고 도서관에 갑니다.

새 단어 ▶▶ 다양하다 감상 -편 글 호수 물고기 소설책

① 다음 〈보기〉와 같이 이야기하십시오.

〈보기〉   A : 시간이 있으면 뭐 해요?

              B : 저는 <u>운동을 하</u>거나 <u>텔레비전을 봐요.</u>

❶ 수영을 하다, 조깅을 하다   ❷ 인터넷을 하다, 독서를 하다

❸ 차를 마시다, 그림을 그리다   ❹ [   ] , [   ]

② 다음 〈보기〉와 같이 이야기하십시오.

〈보기〉   A : <u>영화 봤어요?</u>

              B : 아직 못 <u>봤어요.</u> <u>숙제하</u>고 <u>볼</u> 거예요.

❶ A : 청소하다   ❷ A : 부모님께 전화하다

    B : 빨래하다   B : 저녁을 먹다

❸ A : 돈을 찾다   ❹ A :

    B : 수업이 끝나다   B :

③ 다음 〈보기〉와 같이 이야기하십시오.

〈보기〉　　A : 한국어를 잘해요?
　　　　　B : 아니요, 잘하지 못해요. 하지만 열심히 공부하고 있어요.

❶ A : 탁구, 잘 치다
　 B : 연습하다

❷ A : 요리, 잘하다
　 B : 노력하다

❸ A : 춤, 잘 추다
　 B : 배우다

❹ A :
　 B :

④ 다음 〈보기〉와 같이 이야기하십시오.

〈보기〉　　A : 주말에 같이 영화를 볼래요?
　　　　　B : 네, 저도 보고 싶었어요.

❶ 저녁, 치킨을 먹다

❷ 일요일, 공원에서 산책하다

❸ 내년, 미국으로 여행을 가다

❹ ⬚ , ⬚

새 단어 ▶▶ 연습하다　노력하다　춤　추다

⑤ 다음 〈보기〉와 같이 이야기하십시오.

〈보기〉   A : 왜 한국어를 배워요?
          B : 나중에 한국 회사에 취직하려고 한국어를 배워요.

❶ A : 요리를 배우다
   B : 요리사가 되다

❷ A : 지갑을 사다
   B : 친구에게 선물하다

❸ A : 돈을 모으다
   B : 제주도에 가다

❹ A :
   B :

⑥ 다음 〈보기〉와 같이 이야기하십시오.

〈보기〉   A : 정아 씨하고 같이 가려고 음악회 표를 두 장 샀어요.
          정아 씨, 시간 있으면 저랑 같이 갈래요?
          B : 고마워요. 저도 가고 싶었어요. 같이 가요.

❶ 보다, 연극표

❷ 먹다, 샌드위치

❸ 마시다, 맥주

❹ [   ] , [   ]

새 단어 ▶▶ 나중   표

① 다음을 듣고 물음에 답하십시오.

1) 두 사람의 취미는 무엇입니까?

2) '나영 씨'는 영화를 얼마나 자주 봅니까?

❶ 하루에 한 편　　❷ 이틀에 세 편　　❸ 일주일에 두 편　　❹ 일주일에 네 편

3) 남자는 어디에서 어떻게 영화를 봅니까?

4) 두 사람은 무슨 영화를 보려고 합니까?

❶ 　❷ 　❸ 　❹

5) 들은 내용과 같은 것은 무엇입니까?

❶ 남자는 가끔 극장에서 영화를 봐요.

❷ 나영 씨는 외국 영화를 보고 싶어 해요.

❸ 남자는 한국 영화도 보고 외국 영화도 봐요.

❹ 나영 씨는 한국 영화를 좋아하고 남자는 외국 영화를 좋아해요.

⊙ 따라하세요.

[격음화]

음악회[으마쾨]	이번 주말에 음악회에 가려고 표를 샀어요.
못해서[모태서]	아침에 일찍 일어나지 못해서 지각도 합니다.
특히[트키]	저는 책을 다 좋아하지만, 특히 소설을 좋아합니다.
연습하고[연스파고]	열심히 연습하고 있어요.

② 다음을 듣고 물음에 답하십시오.

1) '나'의 취미는 무엇입니까?

2) '나'는 어떻게 수집을 합니까? 들은 내용과 <u>다른</u> 것을 고르십시오.

❶ 여행을 가서 사요.

❷ 친구들이 생일 선물로 줘요.

❸ 백화점에 가서 마음에 들면 사요.

❹ 친구들이 해외여행을 가면 사 줘요.

3) 들은 내용과 같은 것은 무엇입니까?

❶ 인형이 방 안에 가득 있어요.

❷ 친구의 취미도 인형 수집이에요.

❸ 친구는 인형 선물을 좋아했어요.

❹ 나는 인형을 더 많이 가지고 싶어요.

새 단어 ▶▶ 우표   수집   (마음에)들다   해외여행   가득

③ 다음을 듣고 물음에 답하십시오.

1) 정아 씨 취미는 무엇입니까?

	,

2) 정아 씨는 보통 주말에 무엇을 합니까? 모두 고르십시오.

❶ 인사동에 가요.

❷ 그림을 그려요.

❸ 유명 화가를 만나요.

❹ 그림 전시회에 가요.

❺ 공원에서 산책을 해요.

3) 두 사람은 다음 주에 무엇을 하러 어디에 갑니까?

4) 들은 내용과 다른 것은 무엇입니까?

❶ 정아 씨는 그림을 좋아해요.

❷ 정아 씨는 산책을 하러 공원에 가요.

❸ 카잉 씨는 한국 화가의 그림을 보고 싶었어요.

❹ 다음 주에 인사동에서 유명 화가의 전시회가 있어요.

새 단어 ▶▶ 인사동   유명   화가

1 다음을 읽고 물음에 답하십시오.

현우 씨는 컴퓨터 게임을 좋아합니다. 저녁에 숙제를 하고 컴퓨터 게임을 합니다. 숙제가 많지 않으면 하루에 한 시간 정도 게임을 합니다. 컴퓨터 게임을 하면 스트레스를 풀 수 있어서 좋습니다.

민지 씨의 취미는 사진 찍기입니다. 주말마다 카메라를 가지고 야외로 나갑니다. 주로 풍경과 사람들을 찍습니다. 친구들의 사진도 찍어서 친구들에게 보냅니다. 나중에 그 사진으로 전시회를 하고 싶어 합니다.

예은 씨의 취미는 여행입니다. 여행을 다녀와서 SNS에 사진과 글을 올립니다. 친구들이 들어와서 사진도 보고 글도 읽고 댓글을 씁니다. 그렇게 친구들과 대화를 나누고 서로 소식을 주고받습니다.

친구들의 취미가 다양해서 같이 이야기하면 재미있습니다.

1) 위 글의 제목은 무엇입니까?

❶ SNS 소식　　　　　　　　❷ 사진 찍기

❸ 친구들의 취미　　　　　　❹ 주말 취미 활동

2) 현우 씨는 게임을 얼마나 합니까?

3) 예은 씨가 SNS에서 하지 않는 것은 무엇입니까?

❶ 글을 올립니다.　　　　　　❷ 사진을 찍습니다.

❸ 친구와 이야기합니다.　　　❹ 친구와 소식을 주고받습니다.

4) 위 글의 내용과 다른 것을 고르십시오.

❶ 예은 씨는 친구들과 SNS에서 대화를 합니다.

❷ 현우 씨는 컴퓨터 게임으로 스트레스를 풉니다.

❸ 민지 씨와 예은 씨는 모두 사진 찍기가 취미입니다.

❹ 민지 씨는 사진을 찍어서 사진 전시회를 하고 싶어 합니다.

새 단어 ▶▶ 스트레스　풀다　야외　풍경　SNS　댓글　올리다　대화　나누다　제목　소식　활동

② 다음을 읽고 물음에 답하십시오.

제 취미는 동전 수집입니다. 세계 각국의 동전을 모읍니다. 친구가 해외여행을 다녀오면 그 나라의 동전을 저에게 선물합니다. 요즘 동전은 제가 직접 모았습니다. 옛날 동전은 대부분 아버지께서 주셨습니다. 올림픽 동전도 있습니다. 그러나 그 동전을 실제로 사용하지 않습니다.

동전에는 대부분 그 나라의 유물이나 유명 인물, 유명 관광지의 그림이 있습니다. 또 동물과 식물의 그림도 있습니다. 그래서 동전을 보면 그 나라의 역사와 생활과 자연을 알 수 있습니다.

1) '나'는 동전을 어떻게 모읍니까? 위 글의 내용과 <u>다른</u> 것은 무엇입니까?

❶ '제'가 직접 모읍니다.

❷ 아버지께서 여행 후에 주십니다.

❸ 아버지께서 옛날 동전을 주십니다.

❹ 친구가 해외여행에서 돌아와서 선물합니다.

2) 위 글의 내용과 같은 것은 무엇입니까?

❶ 친구들이 옛날 동전을 많이 선물했습니다.

❷ 올림픽 동전은 지금도 사용할 수 있습니다.

❸ 동전의 그림을 보면 역사를 알 수 있습니다.

❹ 저는 동전을 모아서 친구들에게 선물합니다.

3) 한국 동전 그림에 <u>없는</u> 것은 무엇입니까?

〈보기〉

❶ 유물　　❷ 동물　　❸ 식물　　❹ 유명 인물　　❺ 유명 관광지

새 단어 ▶▶ 동전　각국　직접　옛날　올림픽　실제　관광지　유물　동물　식물　생활　자연

① 여러분의 취미는 무엇입니까?

사진 찍기	음악 감상	영화 감상	동전 수집
여행	운동	요리	컴퓨터 게임
춤	(　　　)	(　　　)	(　　　)

① 그것을 왜 좋아합니까?　　_____

② 얼마나 자주 합니까?　　_____

③ 언제부터 시작했습니까?　　_____

④ 어디에서 할 수 있습니까?　　_____

⑤ 누구하고 같이 하고 싶습니까?　　_____

⑥ _____?　　_____

⑦ _____?　　_____

다음 〈보기〉와 같이 이야기하십시오.

〈보기〉   A : 주말에 뭐 할 거예요?

           B : 집에서 청소를 하거나 책을 읽을 거예요.

           A : 저는 주말에 음악회에 가려고 하는데 같이 갈래요?

           B : 무슨 음악회에 가려고 해요?

           A : 토요일 저녁에 피아노 연주회가 있어요.

           B : 저도 피아노 연주를 좋아해요. 같이 가요.

① 연주회

② 음악회

③ 국악 공연

④ 연극 구경

⑤ 낚시

⑥ 축구장

새 단어 ▶▶ 국악

1 A / V + −(으)면

① 정아 씨는 보통 시간이 있으면 뭐 해요?

② 오늘 시간이 [＿＿＿＿＿＿＿] 다음에 만납시다. (없다)

③ 택시를 [＿＿＿＿＿＿＿] 회의에 늦지 않을 것입니다. (타다)

④ 감기가 [＿＿＿＿＿＿＿] 운동을 할 수 있을 거예요. (낫다)

⑤ 기숙사에서 [＿＿＿＿＿＿＿] 가까워서 좋습니다. (살다)

2 A / V + −거나

① 시간이 있으면 책을 읽거나 영화를 봐요.

② 휴일에는 음악을 [＿＿＿＿＿＿＿] 피아노를 쳐요. (듣다)

③ 자전거를 [＿＿＿＿＿＿＿] 걸어서 학교에 갑니다. (타다)

④ 저는 머리가 아프면 약을 [＿＿＿＿＿＿＿] 잠을 잡니다. (먹다)

⑤ 보통 오후에 도서관에 가서 공부를 [＿＿＿＿＿＿＿] 숙제를 합니다. (하다)

3 못 + V

V + -지 못하다

① 저는 아직 그 영화를 못 봤어요.

② 저는 술을 [　　] [　　　　　] . (마시다)

③ 요즘 시간이 없어서 책을 [　　] [　　　　　] . (보다)

④ 숙제가 많아서 어제 밤에 잠을 [　　] [　　　　　] . (자다)

⑤ 저는 피아노도 [　　] [　　　　　] 그림도 [　　] [　　　　　] . (치다 / 그리다)

⑥ 길이 막혀서 일찍 [　　] [　　　　　] . (오다)

⑦ 시간이 없어서 주말에 등산을 [　　] [　　　　　] . (가다)

⑧ 머리가 아파서 수업을 [　　] [　　　　　] 집으로 왔어요. (듣다)

④ V + −(으)ㄹ래요?
   −(으)ㄹ래요

① A : 주말에 같이 영화 볼래요?

   B : 네, 저도 보고 싶었어요.

② A : 음악회에 같이 [   ]? (가다)

   B : 미안해요, 저는 기숙사에서 [   ]. (쉬다)

③ A : 갈비탕을 [   ]? (먹다)

   B : 저는 김치찌개를 [   ]. (먹다)

④ A : 도서관에 같이 [   ]? (가다)

   B : 좋아요, 저도 [   ]. (가다)

⑤ A : 오후에 테니스를 [   ]? (치다)

   B : [   ].

⑤ 'ㄷ' 불규칙

기본형	-아/어요	-았/었어요	-(으)면	-ㅂ/습니다
듣다	들어요	들었어요	들으면	듣습니다
묻다				
걷다				
*닫다	닫아요			
*얻다				
*받다				

① 주말에는 음악을 들어요.

② 길을 잘 모르면 [   ] . (묻다)

③ 아침마다 학교까지 [   ] 옵니다. (걷다)

④ 친구들이 피아노 연주를 [   ] 파티에 왔습니다. (듣다)

⑤ 추우니까 창문을 [   ] 주세요. (닫다)

6 V + -(으)려고

① 이번 주말에 음악회에 가려고 표를 샀어요.

② 친구를 [   ] 전화를 걸었어요. (만나다)

③ 음료수를 [   ] 냉장고를 열었어요. (마시다)

④ 친구와 저녁을 [   ] 식당에서 만났어요. (먹다)

⑤ 휴대폰을 [   ] 돈을 모았어요. (사다)

1. 한국에서 여행을 많이 했어요?
2. 어디에 가 봤어요?
3. 어디에 가 보고 싶어요?

5과

여행

나 나   상민 씨, 저는 이번 방학에 여행을 많이 해 보고 싶은데 어디가

            좋을까요?

상 민   저도 많이 가 보지 않았지만 좋은 곳이 많아요.

            전주에 가 봤어요?

나 나   아니요, 아직 못 가 봤어요.

            전주는 한식으로 유명한 곳이지요?

상 민   네, 맞아요.

            그중에서 특히 비빔밥이 유명해요. 그리고 한옥 마을에도 가 보세요.

            한옥을 많이 볼 수 있어서 좋아요.

나 나   그래요? 한옥에서 잠도 잘 수 있어요?

상 민   네, 잘 수 있어요. 한옥에서 자고 비빔밥도 먹어 보세요.

표현

• 아직 못 가 봤어요.   • 전주는 한식으로 유명한 곳이지요?

새 단어 ▶▶ 한옥   마을

동 동   아사코 씨는 제주도에 가 봤지요? 저는 다음 달에 친구들과 가려고

하는데, 제주도에 관해 이야기 좀 해 주세요.

아사코   제주도는 산과 바다가 모두 아름다운 곳이에요.

제가 제주도 여행 사진을 보여 줄게요.

동 동   와! 이 폭포 정말 멋있군요.

아사코   멋있지요? 이 바다 사진도 보세요.

동 동   바다 색깔도 예쁘고 바닷가의 큰 바위도 멋있어요.

야자수가 많아서 다른 나라 같아요.

아사코   제주도는 정말 그림 같아요. 아름다운 곳이 많아서 구경하면 정말 좋을

거예요.

표현

● 이 폭포 정말 멋있군요.   ● 제주도는 정말 그림 같아요.

새 단어 ▶▶ 폭포   색깔   바닷가   바위   야자수

저는 오래 전부터 제주도에 관하여 많이 들어서 제주도에 가 보고 싶었습니다. 드디어 친구들과 두 달 전에 항공권과 호텔을 예약하고 제주도에 갔습니다. 오래 전에 예약해서 돈이 많이 들지 않았습니다.

제주도는 남쪽이라서 서울보다 따뜻하지만 바람이 많이 불어서 옷을 따뜻하게 입어야 했습니다. 우리는 제주도에 가서 한라산과 바다를 보고, 식물원, 지하 동굴, 해녀박물관에 갔습니다. 배를 타고 다른 섬에도 가 보고, 싱싱한 생선회도 많이 먹었습니다.

제주도는 대문과 도둑과 거지가 없고, 돌과 바람과 여자가 많은 섬으로 유명합니다. 우리는 제주도 민속마을에서 옛날 집을 구경했습니다. 제주도 옛날 집은 도둑이 없어서 대문이 없습니다. 제주도는 바람이 센 곳이라서 지붕 모양이 특이했습니다. 아름다운 풍경도 보고, 제주도 사람들의 생활을 알 수 있어서 좋았습니다.

벌써 두 달이 지났지만, 나무가 많은 한라산과 넓은 해수욕장이 자꾸 생각납니다. 다음에 기회가 있으면 다시 가고 싶습니다.

표현
- 제주도에 관하여 많이 들었습니다.
- 다음에 기회가 있으면 다시 가고 싶습니다.

새 단어 ▶▶ 오래 드디어 항공권 예약하다 (돈이)들다 남쪽 한라산 식물원 지하 동굴 해녀 섬
싱싱하다 대문 도둑 거지 민속 지붕 모양 특이하다 벌써 넓다 자꾸 생각나다 기회

① 다음 〈보기〉와 같이 이야기하십시오.

〈보기〉   A : 무엇을 해 보고 싶어요?
                B : <u>제주도로 여행을 가</u> 보고 싶어요.

❶ 낚시, 하다   ❷ 케이크, 만들다

❸ 제주도, 살다   ❹ [　　　　　] , [　　　　　]

② 다음 〈보기〉와 같이 이야기하십시오.

〈보기〉   A : <u>번지점프를 해</u> 봤어요?
                B : 아니요, 아직 안 <u>해</u> 봤어요.
                A : 그럼, 한 번 <u>해</u> 보세요.

❶ 한복, 입다   ❷ 한국 노래, 듣다

❸ 혼자, 여행하다   ❹ [　　　　　] , [　　　　　]

③ 다음 〈보기〉와 같이 이야기하십시오.

〈보기〉   <u>예쁜</u> 옷을 입고 <u>키가 큰</u> 친구와 함께 <u>따뜻한</u> 커피를 마셨어요.

❶ 비싸다, 키가 작다, 시원하다   ❷ 두껍다, 좋다, 쓰다

❸ 얇다, 머리가 짧다, 달다   ❹ [　　　　] , [　　　　] , [　　　　]

새 단어 ▶▶ 번지점프   두껍다   얇다

④ 다음 〈보기〉와 같이 이야기하십시오.

〈보기〉   A : 제주도는 바람으로 유명해요. 부산은 무엇으로 유명해요?
            B : 부산은 생선회로 유명해요.

❶ A : 여기, 온천 / 거기   ❷ A : 우리 학교, 축구 / 그 학교
   B : 여기, 호수   B : 우리 학교, 배구

❸ A : 전주, 비빔밥 / 경주   ❹ A : ▢▢▢, ▢▢▢ / ▢▢▢
   B : 경주, 불국사   B : ▢▢▢, ▢▢▢

⑤ 다음 〈보기〉와 같이 이야기하십시오.

〈보기〉   공부를 열심히 하는군요!

새 단어 ▶▶ 온천   경주   불국사

90

⑥ 다음 〈보기〉와 같이 이야기하십시오.

〈보기〉   선생님, 이제 <u>복습을 열심히 할게요.</u>

❶ 지각하지 않다   ❷ 결석하지 않다

❸ 수업시간에 떠들지 않다   ❹ [   ]

⑦ 다음 〈보기〉와 같이 이야기하십시오.

〈보기〉   A : <u>제주도</u> 어때요?
          B : <u>야자수가 있어서 외국</u> 같아요.

❶ A : 마이클 씨   ❷ A : 그 친구
   B : 한국어, 잘하다, 한국 사람   B : 축구, 잘하다, 축구 선수

❸ A : 요즘 날씨   ❹ A : [   ]
   B : 너무 덥다, 여름   B : [   ]

⑧ 다음 〈보기〉와 같이 이야기하십시오.

〈보기〉   A : 오늘 왜 <u>학교에 안 가요?</u>
          B : 오늘은 <u>휴일</u>이라서 <u>수업이 없어요.</u>

❶ A : 꽃을 사다   ❷ A : 기숙사에 혼자 있다
   B : 친구 생일, 선물하려고 하다   B : 주말, 모두 외출하다

❸ A : 늦다   ❹ A : [   ]
   B : 월요일, 길이 막히다   B : [   ] , [   ]

새 단어 ▶▶ 이제   복습하다   지각하다   결석하다   떠들다   외우다

① 다음을 듣고 물음에 답하십시오.

1) 나는 여행을 가고 싶으면 어디가 생각납니까?

❶ 설악산과 경주　　　　　　　❷ 전주와 경주

❸ 제주도와 동해바다　　　　　❹ 설악산과 동해바다

2) 들은 내용과 같으면 O, 다르면 X 하십시오.

❶ 동해바다를 보고 싶으면 여행을 떠나요. (　　)

❷ 일이 많지만 쉬고 싶으면 여행을 떠나요. (　　)

❸ 좋은 친구를 보고 싶으면 여행을 떠나요. (　　)

❹ 상쾌한 공기를 마시고 싶으면 여행을 떠나요. (　　)

❺ 아름다운 풍경이 보고 싶으면 여행을 떠나요. (　　)

설악산

동해바다

제주도

전주

새 단어 ▶▶ 동해　공기

다음을 듣고 물음에 답하십시오.

1) 상민 씨는 언제 경주에 가 봤습니까?

   ❶ 1년 전   ❷ 2년 전

   ❸ 3년 전   ❹ 4년 전

2) 불국사에 관하여 다르게 말한 것은 무엇입니까?

   ❶ 외국인이 매우 많아요.

   ❷ 아름다운 탑이 있어요.

   ❸ 나나 씨는 영화에서 불국사를 봤어요.

   ❹ 상민 씨는 불국사에서 사진을 찍었어요.

3) 들은 내용과 다른 것은 무엇입니까?

   ❶ 경주는 신라의 수도였어요.

   ❷ 경주에는 불국사가 있어요.

   ❸ 상민씨는 작년에 불국사에 가 봤어요.

   ❹ 불국사의 탑이 아름다워서 외국인이 좋아해요.

불국사

다보탑

새 단어 ▶▶ 신라   탑   관광객   도시   외국인

3 다음을 듣고 물음에 답하십시오.

1) 손님은 어디에 전화를 했습니까?

❶ 호텔　　　　　　　　　　❷ 공항

❸ 시청　　　　　　　　　　❹ 여행사

2) 호텔은 왜 할인이 안 됩니까?

❶ 아침이라서　　　　　　　❷ 관광객이 많아서

❸ 공항에서 가까워서　　　　❹ 호텔이 부족해서

3) 들은 내용과 같은 것은 무엇입니까?

❶ 요즘은 관광객이 많지 않습니다.

❷ 손님은 혼자 여행을 하려고 합니다.

❸ 손님은 밤에 제주도에 가려고 합니다.

❹ 손님은 공항에서 가까운 호텔을 예약했습니다.

4) 언제 몇 사람이 여행을 하려고 합니까?

❶ 언제		❷ 몇 사람	

5) 항공권 예약에 무엇이 필요합니까?

❶		❷	

새 단어 ▶▶ 할인　가능하다　성함　번호　부족하다

94

① 다음을 읽고 물음에 답하십시오.

전주는 한옥과 한지와 한식으로 유명한 도시입니다. 한옥 마을에서는 잠도 잘 수 있고, 전통 공연도 볼 수 있습니다. 한식은 모두 맛있는데 그중에서 특히 비빔밥이 유명합니다. 한지로는 부채를 만드는데 전주 부채는 옛날부터 매우 유명했습니다.

또 전주는 전통 예술 판소리와 영화로 유명한 도시입니다. 전주에 오면 전통문화와 현대문화를 모두 감상할 수 있습니다. 전주에 오셔서 구경도 하고 맛있는 음식도 드세요!

1) 다음을 연결하십시오.

❶ 한지   •   • 부채

❷ 한식   •   • 판소리

❸ 전통문화 •   • 영화

❹ 현대 문화 •   • 비빔밥

2) 윗 글의 내용과 <u>다른</u> 것은 무엇입니까?

❶ 부채는 한지로 만듭니다.

❷ 전주는 한식이 유명합니다.

❸ 전주에서 판소리를 해 볼 수 있습니다.

❹ 한옥마을에서는 관광객이 잠을 잘 수 있습니다.

전주 부채

판소리

새 단어 ▶▶ 한지   전통   부채   예술   판소리

② 다음을 읽고 물음에 답하십시오.

우리는 지난 주말에 서울 경복궁에 다녀왔습니다. 경복궁은 조선 시대의 궁궐입니다. 그래서 경복궁에 가면 옛날 왕의 생활을 잘 알 수 있습니다. 경복궁 안에는 민속박물관이 있고 앞쪽에는 인사동이 있습니다. 민속박물관에서는 옛날 물건들을 전시하고 있습니다. 그래서 거기에 가면 옛날 사람들의 생활을 잘 알 수 있습니다.

인사동에서는 전통 음식도 먹어 볼 수 있고, 전통차도 마실 수 있습니다. 가끔 전통결혼식도 있어서 외국인들이 많이 보러 옵니다. 인사동에는 옛날 물건 가게가 많이 있습니다. 외국인들과 요즘 한국인들은 모두 옛날 물건들에 관해 관심이 많습니다.

인사동에는 현대미술관도 있어서 요즘 유명한 화가의 그림도 볼 수 있습니다. 경복궁과 인사동에서는 옛날부터 지금까지 한국 사람들의 생활 모습을 다 볼 수 있습니다. 그래서 저는 경복궁과 인사동이 재미있습니다.

1) 경복궁에서는 누가 살았습니까?

2) 경복궁 앞에는 무엇이 있습니까?

❶ 미술관　　　　　　　　❷ 광화문

❸ 인사동　　　　　　　　❹ 민속박물관

경복궁

3) 인사동에서 볼 수 <u>없는</u> 것은 무엇입니까?

❶ 전통결혼식

❷ 옛날 왕의 모습

❸ 유명 화가의 그림

❹ 지금 한국 사람의 모습

인사동

새 단어 ▶▶ 조선　시대　궁궐　왕　관심

4) 외국인들이 무엇을 보러 인사동에 많이 갑니까?

5) 위 글의 내용과 <u>다른</u> 것은 무엇입니까?

❶ 경복궁 근처에는 인사동이 있습니다.

❷ 인사동에는 옛날 물건들이 많습니다.

❸ 경복궁에서는 왕의 생활을 알 수 있습니다.

❹ 현대미술관에서 옛날 그림을 볼 수 있습니다.

① 〈보기〉와 같이 표를 완성하십시오.

〈보기〉	언제?	지난 주말
	어디에?	부산 해운대
	어떻게?	KTX
	무엇을?	싱싱한 회를 먹었습니다. 바다에서 수영을 했습니다.

1)

언제?	
어디에?	
어떻게?	
무엇을?	

2)

언제?	
어디에?	
어떻게?	
무엇을?	

② 여행 이야기를 쓰십시오.

1) 언제 여행을 했습니까?

2) 그 곳은 무엇으로 유명합니까?

3) 무엇을 했습니까?

4) 어땠습니까?

▷ 다음은 한국의 유명한 관광지입니다.

> ### 한국의 유명한 관광지 : 경복궁

한국에는 아름답고 좋은 곳이 아주 많이 있어요. 오늘은 경복궁을 소개할게요.

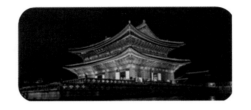

가 보세요!

지하철이나 버스를 타고 갈 수 있어요.

구경해 보세요!

경복궁은 조선 시대에 지었어요. 왕의 방과 조선 시대의 부엌을 볼 수 있어요. 구경해 보세요. 그리고 사진도 많이 찍어 보세요.

해 보세요!

한복을 입어 보세요. 경복궁에서는 한복을 입고 다닐 수 있어요. 경복궁 근처에서 한복을 빌려서 입고 예쁘게 사진을 찍어 보세요.

먹어 보세요!

경복궁 근처에는 인사동이 있어요. 인사동에는 다양한 음식들이 많이 있어요. 전통찻집도 있어요. 한국의 전통 차를 마셔 보세요. 그리고 한식도 먹어 보세요. 맵지 않은 삼계탕은 어때요?

여러분 나라의 유명한 관광지에 관해 소개해 보십시오.

_____의 유명한 관광지 : _____

가 보세요!

구경해 보세요!

해 보세요!

먹어 보세요!

문법

1 V + -아 / 어 / 여 보다

① 이번 방학에 여행을 많이 해 보고 싶은데 어디가 좋을까요?

② 재미있으니까 케이크를 직접 [   ]. (만들다)

③ 작년에 한복을 [   ]. (입다)

④ 한국 전통음악을 [   ]. (듣다)

⑤ 이 책을 [   ]. (읽다)

2 A + -(으)ㄴ

① 한국에는 좋은 곳이 많아요.

② 생일에 [   ] 선물을 받았어요. (비싸다)

③ [   ] 사람들이 게임을 하고 있었어요. (많다)

④ [   ] 산에 올라가면 서울을 다 볼 수 있습니다. (높다)

⑤ 저는 [   ] 김치도 잘 먹습니다. (맵다)

3 N + (으)로 (명성, 이유)

① 제주도는 바람이 많은 섬으로 유명합니다.

② 아산은 온천 [   ] 유명해요.

③ 비자 문제 [   ] 사무실에 갔어요.

④ 감기 [   ] 학교에 못 왔어요.

⑤ 교통사고 [   ] 길이 막혔어요.

102

4 N + 에 관하여/관해(서)/대하여/대해(서)

① 제주도에 관해(관하여) 이야기 좀 해 주세요.

② 저는 야구 [   ] 잘 몰라요.

③ 한국 문화 [   ] 알고 싶어요.

④ 지금까지 한국 [   ] 관심이 없었어요.

⑤ 한국 사람들 [   ] 알고 싶어서 많은 책을 봤어요.

5 V + −(으)ㄹ게요

① 제가 제주도 여행사진을 보여 줄게요.

② 저는 김치찌개를 [   ] . (먹다)

③ 이번에는 약속을 [   ] . (지키다)

④ 내일부터는 담배를 [   ] . (피우지 않다)

⑤ 날씨가 덥지요? 창문을 [   ] . (열다)

❻ A + −군요
V + −는군요
A / V + −았/었/였군요

1) A + −군요

① 이 폭포 정말 멋있군요.

② 키가 참 [   ] . (크다)

③ 오늘은 [   ] . (따뜻하다)

④ 그 드라마는 정말 [   ] . (재미없다)

⑤ 버스보다 지하철이 훨씬 [   ] . (빠르다)

2) V + −는군요

① 버스가 오는군요.

② 날마다 복습을 [   ] . (하다)

③ 피아노를 정말 잘 [   ] . (치다)

④ 3월에도 눈이 [   ] . (내리다)

⑤ 날마다 책을 [   ] . (읽다)

3) A/V −았/었/였군요

① 어제는 [   ] . (춥다)

② 산에 눈이 많이 [   ] . (오다)

③ 민수 씨가 어제 넘어져서 다리를 [   ] . (다치다)

④ 작년에는 과일 값이 [   ] . (싸다)

⑤ 예전에는 여기 길이 [   ] . (넓다)

7 N + 같다

① 제주도는 야자수가 많아서 다른 나라 같아요.

② 제 친구는 너무 예뻐서 영화 배우 [　　　　　].

③ 마이클 씨는 한국어를 잘해서 한국 사람 [　　　　　].

④ 제주도는 그림 [　　　] 섬이에요.

⑤ 여름 [　　　　] 봄 날씨예요.

8 N + (이)라(서) / (이)어서

① 제주도는 남쪽이라서 서울보다 따뜻합니다.

② 비싼 옷 [　　　　] 사지 못했어요.

③ 학교 식당 [　　　　] 음식이 싸고 맛있어요.

④ 휴일 [　　　　] 수업이 없어요.

⑤ 외국인 [　　　] 한국어를 못해요.

> TIP
>
> N+(이)라(서), N+(이)니까
>
> ① 생일이라서 파티를 했어요.
> ② 생일이니까 파티를 합니다.

1. 한국에 친구가 있어요?
2. 그 친구를 언제 만났어요?
3. 그 친구는 무엇을 좋아해요?

6과

친구

정　아　이 사진은 언제 찍은 거예요?

동　동　지난달에 학교에서 찍은 거예요.

정　아　모두 동동 씨 친구들 같은데 와이셔츠를 입은 사람은 누구예요?

동　동　미국에서 온 마이클 씨예요. 요리를 정말 잘해요.

정　아　원피스를 입은 사람은요?

동　동　아, 아사코 씨요? 일본 사람이고 여행을 자주 해요.

정　아　사전을 찾고 있는 사람은요?

동　동　몽골에서 온 솔롱고 씨예요.

　　　한국에서 대학교에 가려고 열심히 공부하는 친구예요.

표현
● 이 사진은 언제 찍은 거예요?　　　　　　● 와이셔츠를 입은 사람은 누구예요?

새 단어 ▶▶ 와이셔츠　원피스

108

마이클　　정아 씨, 지난번에 말한 나나 씨예요.

정　아　　아, 이 분이 바로 한국 드라마를 좋아하는 나나 씨군요.

나　나　　안녕하세요? 중국에서 온 장나나예요.

정　아　　만나 보고 싶었어요. 반가워요.

나　나　　저는 한국 드라마를 좋아해서 한국에 공부하러 왔어요.

정　아　　그럼 한국 드라마를 많이 봤겠네요. 『노란 손수건』도 봤어요?

나　나　　아니요, 그건 보지 못했지만 다른 건 많이 봤어요.

표현

● 이 분이 바로 한국 드라마를 좋아하는 나나 씨예요?

반가워요, 나나씨

새 단어 ▶▶ 바로　　드라마　　노랗다

저와 같이 한국어를 공부하는 친구들을 소개하겠습니다. 아사코 씨는 일본 사람입니다. 여행을 좋아합니다. 며칠 전에 친구들에게 경주에 가서 찍은 사진을 보여 주었습니다. 한국어를 배운 후에 대학원에 가서 한국 문학을 공부하려고 합니다.

솔롱고 씨는 몽골 사람입니다. 한국에 오기 전에 몽골에서 한국어를 조금 배웠습니다. 한국 친구들과 함께 자주 한국 드라마를 봅니다. 솔롱고 씨는 늘 이런 말을 합니다.

"한국 드라마를 보는 것이 한국어 공부에 좋아요."

마이클 씨는 미국 사람입니다. 한국 음식을 좋아해서 직접 요리도 합니다. 특히 불고기를 잘 합니다. 며칠 전에 우리는 마이클 씨가 만든 불고기를 맛있게 먹었습니다.

제 친구들은 모두 한국 문화에 관심이 많습니다.

표현
- 한국 드라마를 보는 것이 한국어 공부에 좋아요.
- 제 친구들은 모두 한국 문화에 관심이 많습니다.

TIP ★

N이/가 N에 좋다
운동을 하는 것이 건강에 좋습니다.
과일을 먹는 것이 감기에 좋습니다.

새 단어 ▶▶ 문학   유학   늘

① 다음 〈보기〉와 같이 이야기하십시오.

〈보기〉   A : 이 사람은 누구예요?

           B : <u>나나</u> 씨예요. <u>한국어를 잘하는</u> 친구예요.

           A : 그 옆에 있는 사람은요?

           B : <u>아사코</u> 씨예요. <u>한국 요리를 잘하는</u> 친구예요.

❶ 마이클 / 그림, 잘 그리다

  흐엉 / 춤, 잘 추다

❷ 카잉 / 매운 음식, 못 먹다

  알리나 / 돼지고기, 안 먹다

❸ 솔롱고 / 기숙사, 살다

  동동 / 학교 앞, 살다

❹   /

          /

② 다음 〈보기〉와 같이 이야기하십시오.

〈보기〉   A : 저기 <u>음악을 듣고 있는</u> 사람을 알아요?

           B : 네, 그 사람은 <u>일본</u>에서 온 <u>아사코</u> 씨예요.

❶ A : 자전거, 타다

  B : 미국, 마이클

❷ A : 가방, 메다

  B : 중국, 동동

❸ A : 크게 웃다

  B : 중국, 나나

❹ A : ☐☐☐☐ , ☐☐☐☐

  B : ☐☐☐☐ , ☐☐☐☐

새 단어 ▶▶ 메다   돼지고기

③ 다음 〈보기〉와 같이 이야기하십시오.

〈보기〉 A : 정아 씨가 누구예요?
        B : 네, 저기 <u>빨간 치마를 입은</u> 사람이 정아 씨예요.

❶ 노랗다, 모자, 쓰다

❷ 파랗다, 넥타이, 매다

❸ 하얗다, 운동화, 신다

❹ 빨갛다, 목도리, 하다

❺ 까맣다, 배낭, 메다

❻ [   ], [   ], [   ]

옷의 종류

바지	청바지	반바지	치마	원피스
티셔츠	블라우스	와이셔츠	스웨터	조끼
양복	정장	코트	점퍼	

새 단어 ▶▶ 매다   목도리   배낭

색깔

까만색 / 검은색	하얀색 / 흰색	빨간색	파란색

노란색	분홍색	주황색	보라색

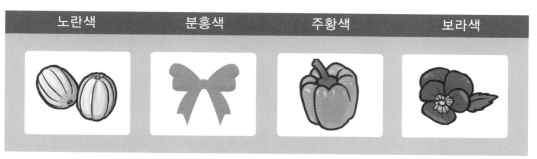

초록색	갈색	회색	하늘색

④ 다음 〈보기〉와 같이 이야기하십시오.

〈보기〉   A : 한국 영화를 좋아해요.
         B : 그럼 한국 영화를 많이 봤겠네요.

❶ A : 어제, 잠, 못 자다   ❷ A : 지난주, 많이 아프다
   B : 피곤하다   B : 힘들다

❸ A : 어제, 생일 파티, 있다   ❹ A : ⬚
   B : 재미있다   B : ⬚

⑤ 다음 〈보기〉와 같이 이야기하십시오.

〈보기〉   A : 여보세요. 나나 씨, 지금 통화할 수 있어요?
         B : 미안해요. 지금 회의하고 있어요.
            회의가 끝난 후에 제가 전화할게요.

❶ 아침, 먹다 / 다 먹다   ❷ 영화, 보다 / 영화, 끝나다

❸ 버스 안, 있다 / 버스, 내리다   ❹ ⬚ / ⬚

새 단어 ▶▶ 힘들다   회의

⑥ 다음 〈보기〉와 같이 이야기하십시오.

〈보기〉   A : 밑 먹기 전에 뭐 했어요?
          B : 손을 씻었어요.
          A : 밥 먹은 후에 뭐 할 거예요?
          B : 공원을 산책할 거예요.

❶ 커피, 마시다 / 숙제, 하다 / 친구, 전화, 걸다

❷ 쇼핑, 하다 / 책, 읽다 / 저녁, 먹다

❸ 신문, 보다 / TV, 보다 / 음악, 듣다

❹ [   ] / [   ] / [   ]

① 다음을 듣고 물음에 답하십시오.

1) 남자는 아사코 씨를 왜 여자에게 소개해 주려고 합니까?

❶ 두 사람의 취미가 달라서 소개해 주려고 해요.

❷ 두 사람이 모두 일본에서 와서 소개해 주려고 해요.

❸ 두 사람이 모두 여행을 좋아해서 소개해 주려고 해요.

❹ 두 사람과 같이 커피를 마시려고 해서 소개해 주려고 해요.

2) 아사코 씨에 대한 설명이 <u>아닌</u> 것을 고르십시오.

❶ 여행을 좋아하는 사람   ❷ 일본에서 온 사람

❸ 남자하고 커피를 마신 사람   ❹ 아까 여자와 만난 사람

② 다음을 듣고 물음에 답하십시오.

1) 두 사람은 지금 어디에 있습니까?

2) 왜 파란 모자를 사지 않습니까?

3) 왜 노란 모자를 사려고 합니까?

4) 들은 내용과 같으면 O, 다르면 X 하십시오.

❶ 정아 씨는 모자를 살 거예요. (   )

❷ 정아 씨는 파란색이 어울려요. (   )

❸ 정아 씨는 모자 세 개를 써 봤어요. (   )

③ 다음을 듣고 물음에 답하십시오.

1) 수업이 끝난 후에 무엇을 하지 <u>않습니까</u>?

❶ 점심을 먹어요.　　　　　❷ 도서관에 가요

❸ 사진을 찍어요.　　　　　❹ 컴퓨터 학원에 다녀요.

2) 컴퓨터 학원에 다니는 이유는 무엇입니까?

❶ 게임을 하려고　　　　　❷ 컴퓨터로 숙제를 하려고

❸ 디자인을 하려고　　　　　❹ 친구에게 이메일을 보내려고

3) 들은 내용과 같으면 O, 다르면 X 하십시오.

❶ 컴퓨터로 디자인을 하고 싶어해요. (　　　)

❷ 공부를 하기 전에 컴퓨터 학원에 가요. (　　　)

① **다음 글을 읽고 물음에 답하십시오.**

이 사진은 제가 좋아하는 친구들과 1년 전에 설악산에 가서 찍은 겁니다. 설악산은 단풍이 아름다워서 유명한 산입니다. 빨간 등산복을 입은 친구가 동현 씨입니다. 중국어를 잘하는 친구입니다. 앞으로 중국어 선생님이 되려고 중국어를 열심히 공부하고 있습니다. 등산과 여행을 좋아해서 설악산에 자주 갑니다.

하늘색 모자를 쓰고 있는 친구는 영국 친구 스미스 씨입니다. 한국에 오기 전부터 한국어를 배워서 한국어를 아주 잘합니다. 한국 음식, 한국 영화, 한국 음악을 다 좋아합니다. 맑은 가을 날씨와 단풍이 든 설악산을 정말 좋아하는 친구입니다. 이 친구는 지금 대학원에서 한국 역사를 공부하고 있습니다.

다음에는 이 친구들과 같이 다른 산에도 가 보고 싶습니다.

1) 이 친구들과 언제 설악산에 갔습니까?

❶ 작년   ❷ 올해

❸ 내년   ❹ 이년 전

2) 동현 씨에 대해 맞는 것은 무엇입니까?

❶ 중국어 선생님입니다.

❷ 봄에 설악산에 갔습니다.

❸ 산에 가는 것을 좋아합니다.

❹ 대학원에서 중국어를 공부하고 있습니다.

3) 위 글의 내용과 <u>다른</u> 것은 무엇입니까?

❶ 친구들은 설악산에 가 봤습니다.

❷ 나는 친구 두 사람과 설악산에 갔습니다.

❸ 스미스 씨는 한국에 와서 한국어를 배웠습니다.

❹ 스미스 씨는 한국 역사를 공부하는 친구입니다.

새 단어 ▶▶ 등산복

118

② 다음을 읽고 물음에 답하십시오.

> ┌─────────┐ 에는 열람실과 휴게실이 있습니다. 열람실에서는 사람들이 모두 조용하게 앉아서 공부를 하거나 책을 보거나 사전을 찾거나 숙제를 합니다.
>
> 그러나 휴게실에는 자유롭게 친구들과 이야기를 하는 사람, 혼자 커피를 마시는 사람, 신문을 보는 사람, 음악을 듣는 사람 등이 있습니다. 또 전화를 하거나 문자메시지를 보내는 사람도 있습니다. 사람들은 잠시 휴게실에서 쉬고 다시 열람실로 갑니다.
>
> 열람실은 조용하게 공부하는 곳이고, 휴게실은 자유롭게 쉬는 곳입니다. 우리에게는 두 곳 모두 필요합니다.

1) ┌──────┐ 에 알맞은 것은 무엇입니까?

❶ 교실 　　　　　 ❷ 서점 　　　　　 ❸ 커피숍 　　　　　 ❹ 도서관

2) 여기에 왜 휴게실이 있습니까?

❶ 쉬는 곳이 필요해서 　　　　　 ❷ 조용한 곳이 필요해서

❸ 책을 보는 곳이 필요해서 　　　　　 ❹ 일을 하는 곳이 필요해서

3) 위 글의 내용과 같은 것은 무엇입니까?

❶ 여기에서는 떠들면 안 됩니다.

❷ 사람들은 열람실에서 공부합니다.

❸ 휴게실에 쉬려고 오는 사람은 없습니다.

❹ 여기에서는 사람들이 모두 공부를 합니다.

4) 여기에서 볼 수 <u>없는</u> 것을 고르십시오.

❶ 　　　 ❷ 　　　 ❸ 　　　 ❹

새 단어 ▶▶ 열람실　휴게실　자유롭다　조용하다　문자메시지

③ 다음을 읽고 물음에 답하십시오.

> 운동을 많이 하는 사람, 담배를 피우지 않는 사람, 친구가 많은 사람은 오래 삽니다. 특히 친구가 많은 사람이 오래 삽니다. 친구들과 즐겁게 이야기를 하면 자주 웃을 수 있습니다. 이런 즐거운 생활이 건강에 좋아서 오래 살 수 있습니다.
> 새 친구도 좋고 오래된 친구도 좋습니다. ㉠친구가 많이 있는 것이 건강하게 오래 사는 방법입니다.

1) 오래 사는 것과 관계<u>없는</u> 것은 무엇입니까?

❶ 운동   ❷ 담배
❸ 친구   ❹ 건강

2) ㉠의 이유를 위 글에서 찾아서 쓰십시오.

어떤 사람이 어떤 사람 옆에 있습니까? 그림을 보고 쓰십시오.

〈보기〉	① 회색 모자를 쓴 남자가 빨간 모자를 쓴 여자 옆에 있습니다.
	이어폰을 낀 남자가 배낭을 멘 여자 옆에 있습니다.

②

③

④

키, 크다	선글라스, 끼다	점퍼, 입다	쇼핑백, 들다	눈, 감다
스웨터, 입다	주머니, 손, 넣다	청바지, 입다	부츠, 신다	목도리, 하다

새 단어 ▶▶ 이어폰   선글라스

① A팀 B팀 나누어서 A팀이 질문을 하고 B팀은 대답을 하십시오.

1)

❶ 밥을 먹기 전에 뭘 해요?	손을 씻어요.
❷ 밥을 먹은 후에 뭘 해요?	설거지를 해요.

2)

❶ 학교에 가기 전에 뭘 해요?	
❷ 수업이 끝난 후에 뭘 해요?	

3)

❶ 여행을 가기 전에 뭘 해요?	
❷ 여행을 다녀온 후에 뭘 해요?	

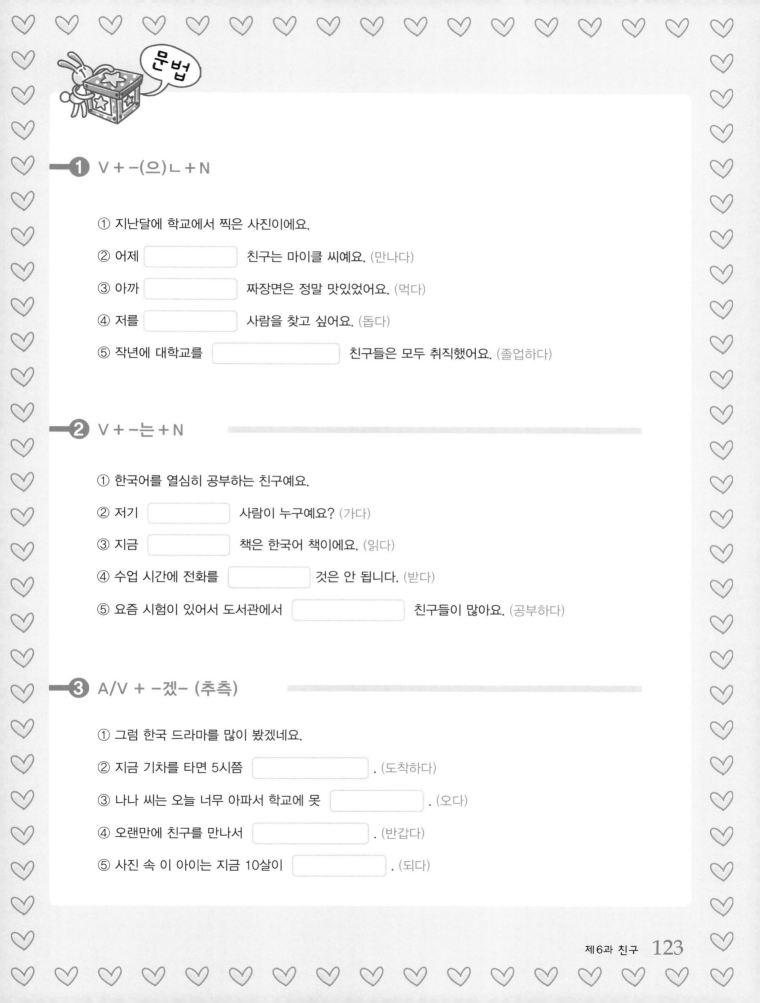

문법

1 V + −(으)ㄴ + N

① 지난달에 학교에서 찍은 사진이에요.

② 어제 [   ] 친구는 마이클 씨예요. (만나다)

③ 아까 [   ] 짜장면은 정말 맛있었어요. (먹다)

④ 저를 [   ] 사람을 찾고 싶어요. (돕다)

⑤ 작년에 대학교를 [   ] 친구들은 모두 취직했어요. (졸업하다)

2 V + −는 + N

① 한국어를 열심히 공부하는 친구예요.

② 저기 [   ] 사람이 누구예요? (가다)

③ 지금 [   ] 책은 한국어 책이에요. (읽다)

④ 수업 시간에 전화를 [   ] 것은 안 됩니다. (받다)

⑤ 요즘 시험이 있어서 도서관에서 [   ] 친구들이 많아요. (공부하다)

3 A/V + −겠− (추측)

① 그럼 한국 드라마를 많이 봤겠네요.

② 지금 기차를 타면 5시쯤 [   ] . (도착하다)

③ 나나 씨는 오늘 너무 아파서 학교에 못 [   ] . (오다)

④ 오랜만에 친구를 만나서 [   ] . (반갑다)

⑤ 사진 속 이 아이는 지금 10살이 [   ] . (되다)

—④ 'ㅎ' 불규칙

기본형	-(으)ㄴ	-아/어요	-아/어서	-고	-습니다
하얗다	하얀	하얘요	하얘서	하얗고	하얗습니다
노랗다					
빨갛다					
파랗다					
까맣다					
어떻다					
이렇다					
그렇다					
★좋다					
★넣다					

① 파란 티셔츠를 입은 분이 마이클 씨 친구예요?

② 현아 씨는 오늘 [   ] 치마를 입었어요. (하얗다)

③ 김치가 너무 [   ] 맵겠어요. (빨갛다)

④ 이 옷 [   ] ? 괜찮아요? (어떻다)

⑤ 저는 [   ] 사람을 좋아하지 않습니다. (그렇다)

5 V + -(으)ㄴ 후에

① 한국어를 배운 후에 대학원에 가려고 합니다.

② 영화를 [   ] 저녁을 먹어요. (보다)

③ 형은 전화를 [   ] 밖으로 나갔습니다. (받다)

④ 저녁을 [   ] 산책을 했어요. (먹다)

⑤ 한 시간 [   ] 아침을 먹었어요. (걷다)

6 V + -기 전에

① 한국에 오기 전에 몽골에서 한국어를 배웠어요.

② [   ] 손을 씻으세요. (식사하다)

③ 수영을 [   ] 준비 운동을 해야 해요. (하다)

④ 옷을 [   ] 일기예보를 봅니다. (입다)

⑤ 고향에 [   ] 친구 선물을 사려고 해요. (돌아가다)

새 단어 ▶▶ 준비 운동

1. 여기는 어디예요?
2. 한국에서 아팠어요?
3. 어디가 아팠어요?

7과

병원

의 사　어디가 안 좋으세요?

솔롱고　어젯밤부터 열이 나고 기침을 해요. 약을 먹었는데 열이 내리지 않아요.

의 사　열이 높네요. 요즘 유행하는 감기예요.

솔롱고　학교에 가야 하는데 오래 아프면 어떻게 하지요?

의 사　약을 드시면 괜찮을 거예요.

　　　　열이 높으니까 먼저 주사를 한 대 맞으세요.

솔롱고　주사를 맞아야 돼요?

의 사　네, 주사를 맞으신 후에 처방전을 가지고 약국으로 가세요.

솔롱고　고맙습니다. 내일도 와야 돼요?

의 사　약 먹고 괜찮으면 안 와도 돼요. 하지만 약은 꼭 드셔야 돼요.

솔롱고　고맙습니다. 안녕히 계세요.

TIP

어떻게 하지요?

● 돈이 없는데 어떻게 하지요?
● 늦었는데 어떻게 하지요?
● 휴대폰을 잃어버렸는데 어떻게 하지요?

새 단어 ▶▶ 어젯밤　유행하다　주사　-대　맞다　처방전　가지다　잃어버리다

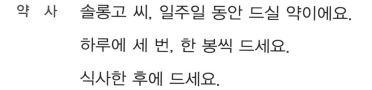
약 사　어서 오세요.

솔롱고　네, 여기 처방전 가져왔어요.

약 사　잠시만 기다리세요.

───────────────────────────

약 사　솔롱고 씨, 일주일 동안 드실 약이에요.

　　　　하루에 세 번, 한 봉씩 드세요.

　　　　식사한 후에 드세요.

솔롱고　네, 그런데 일주일이나 먹어야 돼요?

약 사　네, 꼭 드셔야 돼요.

솔롱고　커피를 좋아하는데 마셔도 돼요?

약 사　한 잔 정도는 괜찮지만 약과 같이 드시면 안 돼요.

 표현

● 하루에 세 번 한 봉씩 식사한 후에 드세요.

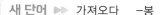 새 단어 ▶▶ 가져오다　-봉

지난주에 동동 씨가 계단에서 넘어져서 다리를 다쳤습니다. 동동 씨는 너무 아파서 한참 동안 일어나지 못했습니다. 다리가 많이 붓고 멍이 들었습니다. 친구들이 상처에 약을 바르고 밴드를 붙여 줬습니다. 하지만 다리가 아파서 아직 잘 걷지 못합니다.

카잉 씨는 어제 저녁에 배가 너무 고파서 밥을 세 그릇이나 먹었습니다. 배탈이 나서 화장실에 자주 갔습니다. 그래서 오늘 오후에 병원에 가서 주사를 맞았습니다. 그리고 처방전을 받아서 약국에 가서 약을 샀습니다. 오늘은 하루 종일 죽밖에 먹을 수가 없어서 힘이 없었습니다.

저도 며칠 동안 계속 운동을 많이 해서 몸살이 났습니다. 오늘은 하루 종일 집에서 푹 쉬었습니다. 다음 주가 시험이라서 걱정되지만 오늘 쉬면 내일은 나아서 학교에 갈 수 있을 겁니다.

표현
- 오늘은 하루 종일 집에서 푹 쉬었습니다.

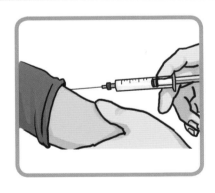

TIP ⭐

증상
- 멍이 들다
- 기침을 하다
- 열이 나다
- 열이 높다/내리다
- 콧물이 나다
- 피가 나다
- 상처가 나다
- 다리가/얼굴이 붓다
- 배탈이 나다
- 몸살이 나다

새 단어 ▶▶ 한참 바르다 밴드 붙이다 죽 푹 걱정되다

① 다음 〈보기〉와 같이 이야기하십시오.

〈보기〉
A : 감기는 어때요?
B : 머리는 안 아픈데, 계속 기침을 해요.

❶
A : 이 옷
B : 예쁘다 / 비싸다

❷
A : 이 음식
B : 맛있다 / 좀 짜다

❸
A : 그 영화
B : 배우, 멋있다 / 영화, 재미없다

❹
A :
B :   /

② 다음 〈보기〉와 같이 이야기하십시오.

〈보기〉
A : 밤 10시에 전화를 해도 돼요?
B : 네, 밤 10시에 전화해도 돼요.   /   B : 아니요, 밤 10시에 전화하면 안 돼요.

❶ A : 박물관에서 사진을 찍어도 돼요?
B :   B :

❷ A : 쉬는 시간에 밖에 나가도 돼요?
B :   B :

❸ A : 이름을 연필로 써도 돼요?
B :   B :

❹ A :
B :   B :

③ 다음 〈보기〉와 같이 이야기하십시오.

〈보기〉 A : 이게 뭐예요?

B : 제가 <u>아까 먹은 사과</u>예요.

A : 이건요?

B : 제가 <u>이따가 먹을 사과</u>예요.

❶ 먹은 사과   ❷ 먹을 사과

❶ 마시다, 물 (아까 / 이따가)   ❷ 배우다, 책 (지난 학기 / 다음 학기)

❸ 만들다, 음식 (어제 / 내일)   ❹ ☐ , ☐ (☐ / ☐)

④ 다음 〈보기〉와 같이 이야기하십시오.

〈보기〉   A : 내일 <u>볼</u> 영화가 뭐예요?

B : 내일 <u>볼</u> 영화는 〈부산행〉이에요.

❶ A : 내일 ( ) 음식이 뭐예요? B : 내일 ( ) 음식은 삼계탕이에요.	만들다
❷ A : 가방에 ( ) 것이 뭐예요? B : ( ) 것이 많지 않아요. 책만 넣을 거예요.	넣다
❸ A : 내일 ( ) 노래는 준비했어요? B : 내일 ( ) 노래는 상민 씨가 준비할 거예요.	듣다
❹ A : ( ) 문이 어느 쪽이에요? B : 정아 씨, ( ) 문은 왼쪽이에요. 왼쪽 문으로 내리세요.	내리다
❺ A : B :	배우다

⑤ 아래 그림을 보고 다음 〈보기〉와 같이 이야기하십시오.

〈보기〉   A : <u>배가 아플 때</u> 어느 병원에 가야 돼요?
          B : <u>배가 아플 때</u> <u>내과</u>에 가세요.

내과

배가 아파요

외과

다리를 다쳤어요

치과

이가 아파요

안과

눈이 아파요

이비인후과

코 귀 목이 아파요

피부과

피부에 뭐가 나요

소아과

아이가 아파요

산부인과

아이를 낳아요

같이 배워 봅시다.

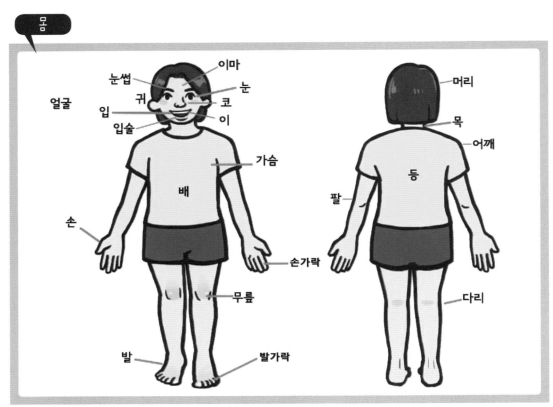

⑥ 다음 〈보기〉와 같이 이야기하십시오.

〈보기〉   A : 의사 선생님이 많아요?
         B : 한 분밖에 없어요.

❶ A : 어제, 잘, 자다   ❷ A : 한국, 오래, 살다

   B : 두 시간, 자다   B : 1년, 살다

❸ A : 부산, 얼마나, 멀다   ❹ A :

   B : 세 시간, 걸리다   B :

① 다음을 듣고 물음에 답하십시오.

1) 솔롱고 씨는 언제부터 열이 났습니까?

　❶ 어젯밤　　　　　　　　❷ 수업 후

　❸ 이틀 전　　　　　　　　❹ 오늘 아침

2) 솔롱고 씨는 언제 누구와 함께 병원에 갈 겁니까?

　❶ 수업이 끝난 후에 혼자

　❷ 수업이 끝나기 전에 혼자

　❸ 수업이 끝난 후에 나나 씨와

　❹ 수업이 끝나기 전에 나나 씨와

3) 들은 내용과 같으면 O, 다르면 X 하십시오.

　❶ 솔롱고 씨는 어제 샤워를 했어요. (　　　)

　❷ 솔롱고 씨는 아파서 병원에 갈 거예요. (　　　)

　❸ 선생님이 먼저 나나 씨에게 부탁했어요. (　　　)

　❹ 솔롱고 씨는 약을 먹지 않아서 열이 계속 나요. (　　　)

② 다음을 듣고 물음에 답하십시오.

1) 두 사람은 누구입니까?

❶ 의사, 약사   ❷ 의사, 환자

❸ 약사, 환자   ❹ 의사, 간호사

2) 이 사람은 지금 어떻습니까? 모두 고르십시오.

❶ 열이 나요.   ❷ 기침이 나요.

❸ 콧물이 나요.   ❹ 두통이 있어요.

3) 이 남자는 언제 다시 와야 합니까?

❶ 안 나으면 1일 후   ❷ 안 나으면 2일 후

❸ 낫지 않으면 3일 후   ❹ 낫지 않으면 4일 후

4) 들은 내용과 같은 것은 무엇입니까?

❶ 남자는 목은 괜찮아요.

❷ 남자는 주사를 맞고 약을 먹어야 해요.

❸ 남자는 기침이 많이 나서 병원에 왔어요.

❹ 남자는 낫지 않으면 내일 병원에 다시 와야 해요.

새 단어 ▶▶ 환자　두통　처방하다

③ 다음을 듣고 물음에 답하십시오.

1) 민수 씨는 무엇을 하고 있었습니까?

2) 나나 씨는 무엇을 가지고 왔습니까?

3) 민수 씨 치료 방법을 모두 고르십시오.

❶ 약을 발라요.   ❷ 약을 먹어요.

❸ 밴드를 붙여요.   ❹ 주사를 맞아요.

4) 들은 내용과 같으면 O, 다르면 X 하십시오.

❶ 민수 씨는 손을 다쳤어요. (   )

❷ 민수 씨는 내과에 가야 해요. (   )

❸ 나나 씨가 민수 씨를 치료해 주었어요. (   )

❹ 민수 씨가 나나 씨 손에 약을 발랐어요. (   )

❺ 밴드를 붙이기 전에 약을 발랐어요. (   )

새 단어 ▶▶ 치료하다

① 다음 글을 읽고 물음에 답하십시오.

사람들은 감기에 걸리면 보통 약을 먼저 먹습니다. 그런데 낫지 않으면 병원에 갑니다. 병원에서 의사의 진찰을 받고 가끔 주사를 맞습니다. 그리고 처방전을 받은 후에 약국에 가서 약을 삽니다. 약국에서는 이틀이나 사흘 동안 먹을 약을 줍니다. 약은 보통 하루에 세 번씩 먹습니다. 약을 먹는 동안 환자는 잘 먹고 푹 쉬어야 합니다. 또한 차가운 음식을 먹지 않고 따뜻한 물을 많이 마시면 좋습니다.

1) 감기에 걸리면 어떻게 합니까? 순서에 맞게 쓰십시오.

❶ 처방전을 받습니다.　　❸ 진찰을 받습니다.　　❺ 집에서 푹 쉽니다.

❷ 주사를 맞습니다.　　❹ 먼저 약을 먹습니다.　　❻ 병원에 갑니다.

(❹) → (　　) → (　　) → (　　) → (　　) → (　　)

2) 처방전은 누가 씁니까?

3) 처방전의 내용은 무엇입니까?

❶ 약을 먹을 시간　　　　❷ 환자가 먹을 음식

❸ 환자가 가야 할 곳　　　❹ 환자에게 필요한 약

4) 감기에 걸린 사람은 어떻게 하면 좋습니까? 틀린 것을 고르십시오.

❶ 음식을 잘 먹어야 합니다.　　　❷ 주사를 맞아야 합니다.

❸ 차가운 음식을 안 먹습니다.　　❹ 따뜻한 물을 자주 마십니다.

5) 위 글의 내용과 같으면 O, 다르면 X 하십시오.

❶ 의사는 처방전에 약국 이름을 씁니다. (　　)

❷ 약은 보통 사흘 동안 아홉 번 먹습니다. (　　)

❸ 약을 먹고 나으면 병원에 가지 않습니다. (　　)

❹ 사람들은 감기에 걸리면 바로 병원에 갑니다. (　　)

새 단어 ▶▶ 진찰

② **다음 글을 읽고 물음에 답하십시오.**

> 사람들은 모두 스트레스를 받습니다. 돈이 없거나 계획한 일이 되지 않거나 일이 너무 많거나 다른 사람과 잘 지내지 못하면 스트레스를 많이 받습니다. 그러나 그때 술을 마시거나 담배를 피우면 스트레스가 증가하고 건강에도 안 좋습니다. 그래서 (   )에 걸립니다.
>
> 건강하게 살고 싶으면 적당한 운동을 하고 취미를 가지는 것이 좋습니다. 그리고 다양한 친구들과 재미있게 이야기를 하면 스트레스를 풀 수 있습니다. 항상 좋아하는 것을 생각하고 즐겁게 생활하면 스트레스가 줄 것입니다.

1) (   ) 안에 들어갈 말은 무엇입니까?

❶ 병　　　　　❷ 사고　　　　　❸ 배탈　　　　　❹ 스트레스

2) 스트레스를 풀 수 있는 방법이 <u>아닌</u> 것은 무엇입니까?

❶ 운동　　　　　　　　　　❷ 직장 일

❸ 취미 생활　　　　　　　　❹ 친구들과의 대화

3) 사람들은 언제 스트레스를 받습니까? <u>틀린</u> 것을 고르십시오.

❶ 돈이 너무 적습니다.　　　　❷ 회사 일이 재미없습니다.

❸ 계획한 일이 잘 안 됩니다.　　❹ 친구들과 관계가 안 좋습니다.

4) 스트레스가 증가하는 이유 두 가지를 쓰십시오.

❶	❷

5) 위 글의 내용과 같으면 O, 다르면 X 하십시오.

❶ 일을 즐겁게 하는 것이 건강에 좋습니다. (   )

❷ 운동을 많이 하는 것이 건강에 좋습니다. (   )

❸ 친구들과 재미있게 이야기하는 것이 건강에 좋습니다. (   )

새 단어 ▶▶ 증가하다　적당하다　줄다　직장　관계　사귀다

③ 다음을 읽고 물음에 답하십시오.

> 감기에 걸리면 보통 (가)(   ) 머리가 아픕니다. 또 콧물이 나거나 기침도 납니다. 그러면 내과에 갑니다.
>
> 다쳐서 피가 많이 나고 아파서 참을 수 없으면 외과에 갑니다. 상처에 약을 바르고 (나)(   ). 또 뼈가 부러진 환자는 수술을 받습니다.
>
> 얼굴에 뭐가 나면 약을 바릅니다. (다)(   ) 낫지 않으면 피부과에 갑니다.
>
> 아이가 아프면 소아과에 갑니다. 아이는 어른과 달라서 아이들의 병원인 소아과에 가야 합니다.

1) (가)( )에 적당한 말은 무엇입니까?

❶ 열이 나고   ❷ 약을 먹고

❸ 치료를 하고   ❹ 배가 아프고

2) (나)( )에 적당한 말은 무엇입니까?

❶ 수술을 받습니다.   ❷ 약을 먹습니다.

❸ 멍을 치료합니다.   ❹ 밴드를 붙입니다.

3) (다)( )에 적당한 말은 무엇입니까?

❶ 약을 바르면   ❷ 약을 발랐고

❸ 약을 발랐는데   ❹ 약을 바르려고

새 단어 ▶▶ 참다 뼈 수술 받다 어른

① 〈보기〉에서 알맞은 것을 골라 문장을 완성하십시오.

〈보기〉	머리가 아프다	이가 아프다	피가 많이 나다
	콧물이 나다	멍이 들다	뼈가 부러지다
	기침이 나다	눈이 아프다	얼굴에 뭐가 나다
	_____	_____	_____

1) 감기에 걸리면 _____

_____

_____

2) 계단에서 넘어지면 _____

_____

_____

_____ (으)면 내과에 갑니다.

_____ (으)면 외과에 갑니다.

_____ (으)면 치과에 갑니다.

_____ (으)면 안과에 갑니다.

_____ (으)면 피부과에 갑니다.

① 여러분은 스트레스를 얼마나 많이 받습니까?
다음 테스트를 해보고 A그룹 학생들과 D그룹, B그룹과 C그룹이 모여서 스트레스를 푸는 방법에 대해 이야기하십시오.
점수 : (항상 그래요 : 3점, 가끔 그래요 : 1점, 그렇지 않아요 : 0점)

	내용	점수		
1	아침을 먹습니다.	0	1	3
2	몸무게가 항상 비슷합니다.	0	1	3
3	단 음식을 많이 먹지 않습니다.	0	1	3
4	운동을 열심히 합니다.	0	1	3
5	스트레칭을 자주 합니다.	0	1	3
6	자기 몸을 사랑합니다.	0	1	3
7	스트레스를 받으면 알 수 있습니다.	0	1	3
8	밤에 푹 잡니다.	0	1	3
9	차를 타면 안전벨트를 맵니다.	0	1	3
10	잘 아는 내과 의사가 나를 도와줍니다.	0	1	3
11	몸이나 마음에 문제가 있으면 친구에게 이야기를 합니다.	0	1	3
12	스트레스를 받으면 쉽니다.	0	1	3
13	담배를 피우지 않습니다.	0	1	3
14	술을 많이 마시지 않습니다.	0	1	3

(자료 : 한국자살예방협회 사이버상담실)

등급	A : 37점	B : 31~36점	C : 22~30점	D : 0~21점
상태	가장 좋아요	적당해요	스트레스가 있어요	아주 나빠요
나의 점수				

새 단어 ▶▶ 스트레칭   안전벨트

1 A + -(으)ㄴ데, V + -는데, N + (이)ㄴ데 (대조)

① 약을 먹었는데 열이 내리지 않아요.

② 지금은 [   ] 눈이 와요. (봄이다)

③ 동생은 키가 [   ] 저는 키가 작아요. (크다)

④ 나나 씨는 [   ] 한국어를 잘해요. (외국사람이다)

⑤ 어제는 날씨가 [   ] 오늘은 따뜻하네요. (춥다)

2 A / V + -아 / 어 / 여도 되다

① 약 먹고 괜찮으면 안 와도 돼요.

② 창문을 [   ] . (열다)

③ 여기에서는 [   ] . (크게 이야기하다)

④ 수업 시간에 음료수를 [   ] . (마시다)

⑤ 밤 열시에 [   ] . (전화하다)

3 V + -(으)ㄹ + N

① 일주일 동안 드실 약이에요.

② [   ] 일이 많아서 걱정이에요. (하다)

③ 이것이 내일 우리가 [   ] 영화예요. (보다)

④ 이 영화를 보면 [   ] 사람이 많을 거예요. (울다)

⑤ 주말에 [   ] 책을 사려고 서점에 갔어요. (읽다)

4 N + 씩

① 하루에 세 번, 한 봉씩 드세요.

② 손수건을 하나 ☐ 포장해 주세요.

③ 음식이 많지 않아서 조금 ☐ 먹었어요.

④ 우리는 점심에 짜장면을 한 그릇 ☐ 먹었어요.

⑤ 한 사람이 두 곡 ☐ 노래를 불렀어요.

5 N + (이)나

① 일주일이나 먹어야 돼요?

② 우리 반에 미국 사람이 열 명 ☐ 있어요.

③ 서울에서 부산까지 다섯 시간 ☐ 걸려요.

④ 아이스크림을 열 개 ☐ 먹어서 배탈이 났어요.

⑤ 커피를 네 잔 ☐ 마셔서 밤에 잠을 못 잤어요.

6 A/V + -(으)면 안 되다

① 커피를 약과 같이 드시면 안 돼요.

② 여기에서 사진을 ☐ . (찍다)

③ 지하철에서 ☐ . (떠들다)

④ 수업시간에 핸드폰을 ☐ . (사용하다)

⑤ 공기가 안 좋으니까 창문을 ☐ . (열다)

새 단어 ▶▶ 곡

144

7 '르' 불규칙

기본형	-(으)ㄴ/는	-았/었/였어요	-아/어서	-고	-ㅂ/습니다
부르다	부르는	불렀어요			
자르다			잘라서	자르고	자릅니다
오르다					
바르다					
흐르다					
다르다	다른				
빠르다					
모르다					
게으르다					

① 상처에 약을 발랐어요.

② 말이 너무 [   ] 잘 듣지 못했어요. (빠르다)

③ 약을 [   ] 후에 밴드를 붙였어요. (바르다)

④ 나와 동생은 성격이 [   ] . (다르다)

⑤ 길이 막히면 지하철이 버스보다 [   ] . (빠르다)

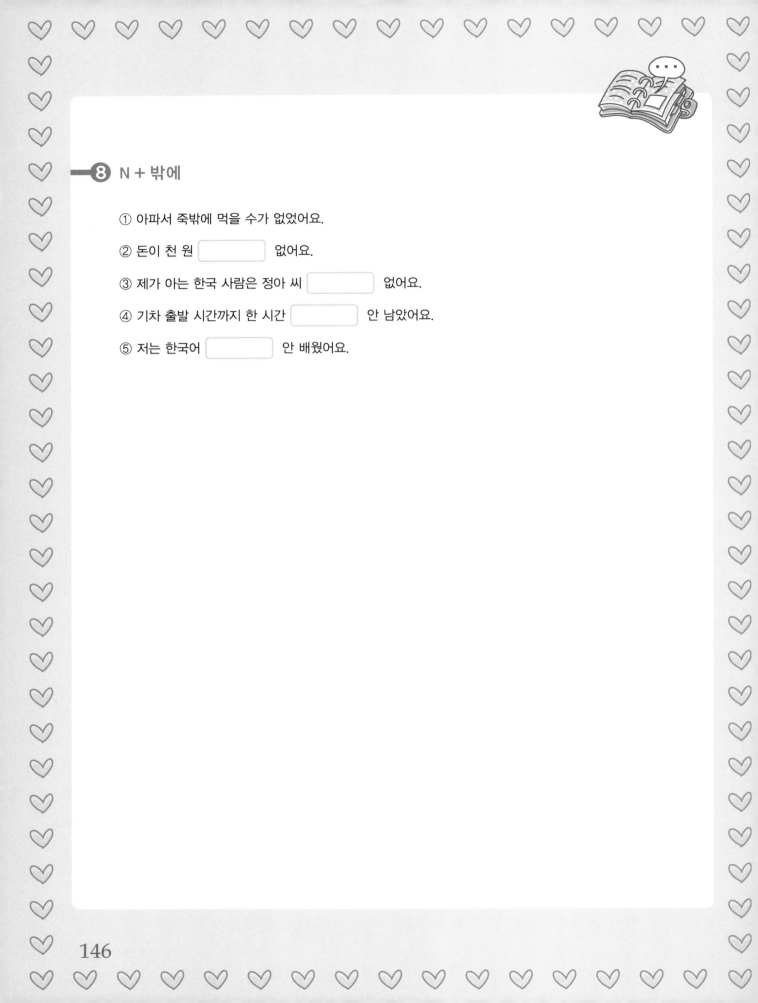

8 N + 밖에

① 아파서 죽밖에 먹을 수가 없었어요.

② 돈이 천 원 [   ] 없어요.

③ 제가 아는 한국 사람은 정아 씨 [   ] 없어요.

④ 기차 출발 시간까지 한 시간 [   ] 안 남았어요.

⑤ 저는 한국어 [   ] 안 배웠어요.

1. 여기는 어디예요?
2. 우체국에서 무엇을 해 봤어요?
3. 은행에서 무엇을 할 수 있어요?

8과

생활

직　원　어서 오세요. 무엇을 도와 드릴까요?

아사코　부산으로 옷을 부치려고 하는데요.

직　원　포장하셨어요? 안 하셨으면 이 상자에 넣고 이름과 주소를 써 주세요.

아사코　이렇게 하면 돼요?

직　원　네, 그럼 이제 저울 위에 상자를 올려 주세요.

아사코　며칠 걸려요?

직　원　보통은 3일 걸리는데 급하시면 특급으로 보내세요.

　　　　내일 오후에 도착할 거예요.

아사코　그럼 특급으로 보낼게요.

표현
● 무엇을 도와 드릴까요?

새 단어 ▶▶ 부치다　포장하다　저울　급하다

직 원 어서 오세요.

동 동 통장과 체크 카드를 만들려고 하는데요.

직 원 네, 그럼 신분증 먼저 주세요. 신청서도 한 장 작성해 주시고요.

동 동 학생증도 돼요?

직 원 아니요, 신분증은 외국인 등록증이나 여권만 돼요.

동 동 여기 있습니다.

직 원 신청서 아래에 사인하셨어요?

동 동 네, 했습니다.

직 원 그럼 잠시만 기다려 주세요.

직 원 다 됐습니다. 통장과 카드 여기 있습니다.

동 동 정말 빠르네요. 감사합니다.

표현
- 신청서도 한 장 작성해 주시고요.
- 잠시만 기다려 주세요.

새 단어 ▶▶ 통장 체크 카드 신분증 신청서 작성하다 외국인 등록증

　　동동 씨는 한국에 온 지 6개월이 되었습니다. 처음에는 한국말을 잘 못해서 힘들었지만 이제는 슈퍼마켓에서 혼자 물건도 사고 우체국에서 친구에게 선물도 부칠 수 있습니다. 은행에서 저금도 하고, 현금지급기로 돈도 찾을 수 있습니다.

　　마이클 씨는 한국에 온 지 곧 2년이 됩니다. 마이클 씨는 인터넷으로 물건 사기를 좋아합니다. 가게에 직접 가지 않아도 되고, 물건을 사서 바로 다른 사람에게 보낼 수 있어서 참 편리합니다. 마이클 씨는 시간이 없기 때문에 인터넷 쇼핑을 자주 이용합니다.

　　아사코 씨는 한국어를 배운 지 3년, 한국에 온 지 1년이 되었습니다. 아사코 씨는 오늘 비자를 연장하려고 출입국관리사무소에 다녀왔습니다. 비자 연장 신청서도 혼자 작성했습니다. 아사코 씨는 이제 한국 생활이 불편하지 않습니다.

새 단어 ▶▶　저금　현금지급기(ATM, 현금인출기)　이용하다　비자　연장하다　출입국관리사무소　불편하다

① 다음 〈보기〉와 같이 이야기하십시오.

〈보기〉 　A : 같이 커피를 마실까요?
　　　　B : 지금 숙제를 해야 하는데요.

❶ A : 영화, 보다
　 B : 수업, 있다

❷ A : 이 식당, 먹다
　 B : 사람, 많다

❸ A : 등산, 가다
　 B : 병원, 가야 하다

❹ A :
　 B :

② 다음 〈보기〉와 같이 이야기하십시오.

〈보기〉　　 출입국관리사무소

　　　　A : 무엇을 도와 드릴까요?
　　　　B : 비자를 연장하려고 하는데요.

❶ 은행 : 통장을 만들다

❷ 우체국 : 신발을 부치다

❸ 사무실 : 학생증을 신청하다

❹ ☐ :

③ 다음 〈보기〉와 같이 이야기하십시오.

〈보기〉   A : 신청서를 언제까지 내야 돼요?
        B : 이번 주 금요일까지 내면 돼요.

❶ A : 학교에 몇 시까지 오다
   B : 8시 50분까지 오다

❷ A : 어디에서 선생님을 기다리다
   B : 여기에 앉아서 기다리다

❸ A : 책을 빌리고 싶은데 도서관에
       무엇을 가지고 가다
   B : 학생증만 있다

❹ A :
   B :

④ 다음 〈보기〉와 같이 이야기하십시오.

〈보기〉   A : 한국에 온 지 얼마나 되었어요?
        B : 한국에 온 지 1년 됐어요.

❶ A : 휴대폰, 사다
   B : 6개월

❷ A : 부모님, 전화하다
   B : 3일

❸ A : 저녁, 먹다
   B : 1시간쯤

❹ A :
   B :

5 다음 〈보기〉와 같이 이야기하십시오.

〈보기〉　　A : 취미가 뭐예요?
　　　　　B : 우표 모으기예요.
　　　　　A : 또 무엇을 좋아하세요?
　　　　　B : 한국 음식 만들기도 좋아해요.

❶ 영화 보다 / 친구, 이야기하다

❷ 인형 모으다 / 음악, 듣다

❸ 그림 그리다 / 책, 읽다

❹ 　　　　　　　　　　　/

6 다음 〈보기〉와 같이 이야기하십시오.

〈보기〉　　A : 왜 김치는 안 먹어요?
　　　　　B : 너무 맵기 때문에 안 먹어요.

❶ A : 그 사람을 좋아해요?
　 B : 재미있다

❷ A : 택시를 탔어요?
　 B : 약속 시간에 늦었다

❸ A : 옷을 그렇게 많이 입었어요?
　 B : 감기에 걸려서 춥다

❹ A :
　 B :

① 다음을 듣고 물음에 답하십시오.

1) 여기는 어디입니까?

2) 남자는 무엇을 하려고 합니까?

3) 다음을 순서에 맞게 쓰십시오.

> ❶ 저울 위에 올립니다
> ❷ 돈을 냅니다
> ❸ 포장을 합니다

(   ) → (   ) → (   )

4) 들은 내용과 <u>다른</u> 것은 무엇입니까?

❶ 요금은 삼천 원이에요.
❷ 책을 봉투에 넣었어요.
❸ 특급은 다음날 도착해요.
❹ 봉투에 우편번호를 썼어요.

② 다음을 듣고 물음에 답하십시오.

1) 들은 내용에 <u>없는</u> 것을 고르십시오.

❶ 쇼핑 시간   ❷ 인터넷 쇼핑

❸ 휴대폰의 기능   ❹ 인터넷 쇼핑의 장점

2) 마이클 씨는 물건을 어떻게 샀습니까?

❶ 전화로 주문해서   ❷ 물건을 직접 보고

❸ 집에서 인터넷으로   ❹ 은행에서 돈을 보내서

3) 들은 내용과 같으면 O, 다르면 X 하십시오.

❶ 공부할 때 휴대폰을 사용합니다. (   )

❷ 휴대폰으로 음악을 만들 수 있습니다. (   )

❸ 마이클 씨는 가끔 인터넷으로 물건을 삽니다. (   )

❹ 가게에 직접 가지 않고 인터넷으로 살 수 있습니다. (   )

4) 마이클 씨가 산 물건으로 할 수 있는 것을 쓰십시오.

❶ 사전으로 공부할 수 있습니다.

❷

❸

❹

❺

새 단어 ▶▶ 기능   아끼다

3 다음을 듣고 물음에 답하십시오.

1) 동동 씨는 왜 은행에 갔습니까?

2) 동동 씨와 정아 씨는 은행에 가서 무엇을 이용했습니까? 그것을 이용할 때 무엇이 필요합니까?

 ,

3) 들은 내용과 같으면 O, 다르면 X 하십시오.

❶ 카드보다 통장이 편리합니다. (　　　)

❷ 정아 씨는 통장으로 돈을 확인했습니다. (　　　)

❸ 동동 씨의 부모님께서 돈을 부쳤습니다. (　　　)

❹ 동동 씨는 은행 직원과 이야기해서 돈을 찾았습니다. (　　　)

새 단어 ▶▶ 사용하다

① 다음을 읽고 물음에 답하십시오.

아파트	원룸	기숙사
방 2개 욕실 1개 주방 1개	방 1개 욕실 1개 주방 1개	방 : 2인 사용 욕실 : 4인 사용
	에어컨, 냉장고, 침대, 책상, 옷장, 세탁기 인터넷 가능	에어컨, 침대, 책상, 책장, 옷장 인터넷 가능 _____ 식사 : 아침, 저녁
비용 : 한 달에 60만 원	비용 : 한 달에 40만 원	비용 : 한 학기에 90만 원

1) 위 광고는 누구에게 가장 필요합니까?

   ❶ 방을 구하는 사람

   ❷ 기숙사에 사는 사람

   ❸ 집을 사고 싶은 사람

   ❹ 아이들과 함께 사는 사람

2) 음식을 만들 수 없는 곳은 어디입니까?

3) 혼자 방을 사용하고 싶은 사람은 어디가 좋습니까?

새 단어 ▶▶ 원룸 욕실 주방 에어컨 냉장고 세탁기 비용 광고 구하다 곳

② 다음 글을 읽고 물음에 답하십시오.

> 저는 중국에서 온 송루입니다. 한국에 온 지 4년이 넘었습니다. 먼저 1년 동안 한국어를 배운 후에 경영학과에 들어왔습니다. 지금은 경영학과 4학년입니다.
>
> 한국에 오기 전에 [   ] 처음에는 한국어를 못했습니다. 그래서 한국 생활이 힘들었습니다. 안내 방송을 듣고 이해하지 못해서 버스나 지하철을 타고 내리는 것도 쉽지 않았습니다. 한국 친구와 이야기도 할 수 없었고, 한국 영화도 볼 수 없었습니다. 그리고 한국 음식이 우리나라 음식과 달라서 먹기가 힘들었습니다.
>
> 그러나 이제는 괜찮습니다. 길을 묻는 사람들에게 길도 알려 줄 수 있고, 밥이나 라면을 먹을 때 김치가 없으면 이상합니다. 한국 친구들과 같이 운동도 하고 영화도 보러 다닙니다. 또 한국 친구들과 과제도 하고 졸업 후의 계획도 이야기합니다. 저는 대학을 졸업한 후에 먼저 회사에 취직을 하려고 합니다. 그리고 5년 후에 한국 친구하고 같이 무역 회사를 경영하고 싶습니다.

1) 윗글의 [   ] 안에 알맞은 말은 무엇입니까?

❶ 한국어를 배우지 않았거나　　　❷ 한국어를 배우지 않으려고

❸ 한국어를 배우지 않았으면　　　❹ 한국어를 배우지 않았기 때문에

2) 송루 씨가 한국 친구들과 같이 하지 <u>않는</u> 것을 고르십시오.

❶ 취직　　　　　❷ 과제　　　　　❸ 운동　　　　　❹ 영화 감상

3) 송루 씨는 나중에 한국 친구와 함께 무엇을 하려고 합니까?

> 　

4) 위 글의 내용과 같으면 O, 다르면 X 하십시오.

❶ 처음에는 버스 타기가 어려웠습니다. (　　　)

❷ 지금은 라면과 함께 김치를 먹지 않습니다. (　　　)

❸ 한국에 있는 대학교의 경영학과에 다닙니다. (　　　)

❹ 지금은 한국에서 버스를 타는 것이 불편하지 않습니다. (　　　)

❺ 송루 씨는 경영학과를 졸업하고 회사에 취직하려고 합니다. (　　　)

❻ 처음에는 한국 음식 먹기가 힘들었지만 이제는 잘 먹습니다. (　　　)

새 단어 ▶▶ 경영학과　　(안내)방송　　이상하다　　과제　　무역회사　　경영하다

① 여러분의 한국 생활에 관하여 쓰십시오.

1) 여러분은 한국에 와서 처음에 무엇이 불편했습니까? 지금은 어떻습니까?

	처음에 한국에서 무엇이 불편했습니까?
❶	
❷	
❸	
❹	

2) 아래의 문법을 사용해서 쓰십시오.

〈문법〉
-(으)ㄴ 지 (시간) 되다/지나다, -기 때문에, -(으)ㄹ 수 있다, -아/어/여 보다

① 그림을 보고 〈보기〉와 같이 이야기하십시오.

가 : 세종대왕이 한글을 만든 지 얼마나 됐어요?

나 : 한글을 만든 지 600년이 되었어요.

	무엇 / 언제	얼마나 됐어요?
	자전거를 만들다	가 :
	1790년대	나 :
	태극기를 만들다	가 :
	1882년	나 :
	비행기를 만들다	가 :
	1903년	나 :
	한국에서 라디오 방송을 시작하다	가 :
	1927년	나 :
	한국에서 텔레비전 방송을 시작하다	가 :
	1956년	나 :
	평창에서 올림픽을 열다	가 :
	2018년	나 :

새 단어 ▶▶ 태극기

160

② A팀이 문장 카드를 보여주면 B팀은 이와 어울리는 문장 카드를 보여주고 문장을
만드십시오.

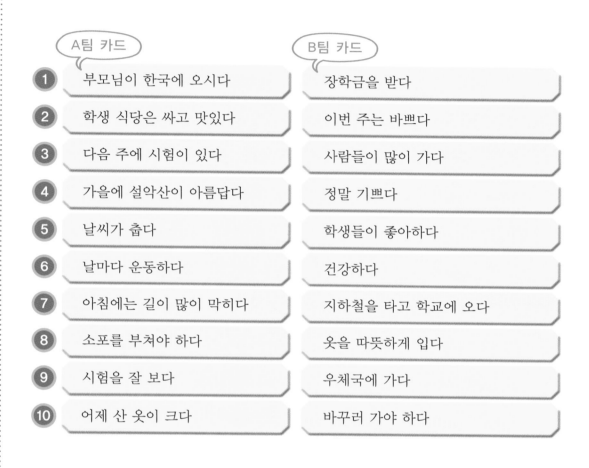

A팀 카드

1 부모님이 한국에 오시다
2 학생 식당은 싸고 맛있다
3 다음 주에 시험이 있다
4 가을에 설악산이 아름답다
5 날씨가 춥다
6 날마다 운동하다
7 아침에는 길이 많이 막히다
8 소포를 부쳐야 하다
9 시험을 잘 보다
10 어제 산 옷이 크다

B팀 카드

장학금을 받다
이번 주는 바쁘다
사람들이 많이 가다
정말 기쁘다
학생들이 좋아하다
건강하다
지하철을 타고 학교에 오다
옷을 따뜻하게 입다
우체국에 가다
바꾸러 가야 하다

〈보기〉

A팀

1 날씨가 <u>춥기 때문에</u>

B팀

옷을 따뜻하게 입었어요

새 단어 ▶▶ 문장

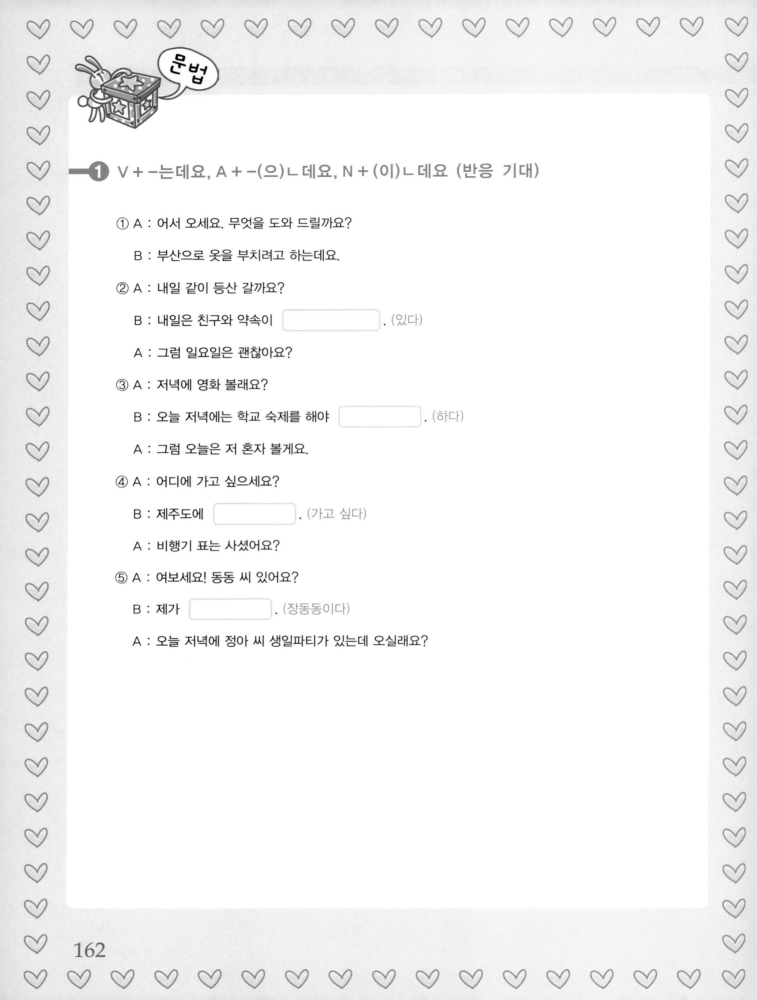

1 V + -는데요, A + -(으)ㄴ데요, N + (이)ㄴ데요 (반응 기대)

① A : 어서 오세요. 무엇을 도와 드릴까요?

　 B : 부산으로 옷을 부치려고 하는데요.

② A : 내일 같이 등산 갈까요?

　 B : 내일은 친구와 약속이 [   ]. (있다)

　 A : 그럼 일요일은 괜찮아요?

③ A : 저녁에 영화 볼래요?

　 B : 오늘 저녁에는 학교 숙제를 해야 [   ]. (하다)

　 A : 그럼 오늘은 저 혼자 볼게요.

④ A : 어디에 가고 싶으세요?

　 B : 제주도에 [   ]. (가고 싶다)

　 A : 비행기 표는 사셨어요?

⑤ A : 여보세요! 동동 씨 있어요?

　 B : 제가 [   ]. (장동동이다)

　 A : 오늘 저녁에 정아 씨 생일파티가 있는데 오실래요?

② A / V + −(으)면 되다

① 이렇게 하면 돼요?

② 신청서만 [　　　　　] 됩니다. (쓰다)

③ 3만 원만 [　　　　　] 됩니다. (내다)

④ 짠 음식만 안 [　　　　　] 돼요. (먹다)

⑤ 여기서 오른쪽으로 [　　　　　] 됩니다. (돌아가다)

③ V + −(으)ㄴ 지(시간)이/가 되다/지나다

① 동동 씨는 한국에 온 지 6개월이 되었습니다.

② 그 친구를 [　　　　　] 3년이 지났어요. (알다)

③ 고등학교를 [　　　　　] 10년이 지났습니다. (졸업하다)

④ 그 친구를 [　　　　　] 오래 되어서 이름도 잊었어요. (보다)

⑤ 점심을 [　　　　] 5시간이나 돼서 배가 많이 고파요. (먹다)

4 A / V + -기, A / V + -기 A / V

1) A / V + -기

① 말하기

② 방 [   ] (크다)

③ 사진 [   ] (찍다)

④ 물건 [   ] (사다)

⑤ 우표 [   ] (모으다)

2) A / V + -기 A / V

① 처음에는 한국어로 말하기가 어려웠어요.

② 오늘은 밥을 [   ] 가 싫어서 냉면을 먹었어요. (먹다)

③ 우리는 우산이 없어서 비가 [   ] 를 기다렸어요. (그치다)

④ 동동 씨는 한국 친구하고 [   ] 를 좋아합니다. (이야기하다)

⑤ 지난달부터 수영을 [   ] 시작했어요. (배우다)

⑤ A / V + -기 때문에, N 때문에

1) A / V + -기 때문에

① 마이클 씨는 시간이 없기 때문에 인터넷 쇼핑을 자주 이용합니다.

② 제가 요즘 [   ] 친구들을 자주 만날 수 없어요. (바쁘다)

③ 그 식당 음식이 [   ] 우리는 그 식당에 자주 가요. (맛있다)

④ 어제는 몸이 [   ] 집에 일찍 갔어요. (아프다)

⑤ 오늘은 [   ] 학교에 가지 않습니다. (휴일이다)

2) N 때문에

① 아사코 씨는 오늘 비자 때문에 출입국관리사무소에 다녀왔습니다.

② 비 [   ] 운전하기가 어려워요.

③ 내일 저는 일 [   ] 갈 수가 없어요.

④ 교통사고 [   ] 길이 막혀서 늦었어요.

⑤ 유학할 때 날씨 [   ] 힘들었어요.

1. 친구들하고 어떻게 연락해요?
2. 언제 문자 메시지를 보내요?
3. 부모님과 얼마나 자주 전화해요?

9과

연락

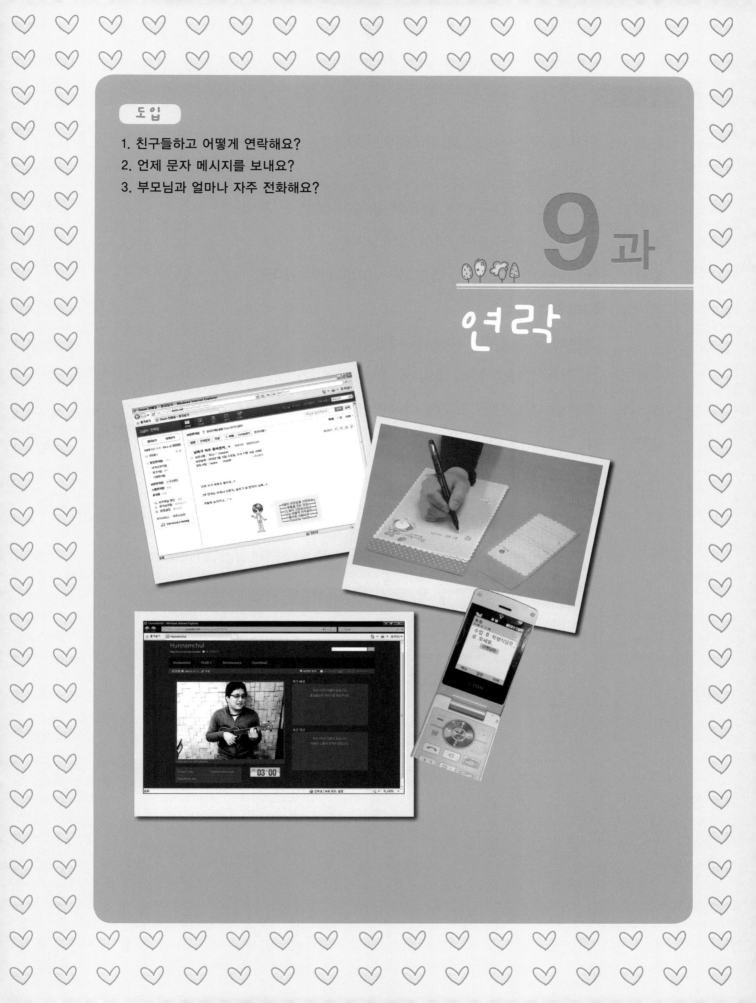

솔롱고　　어제 몽골 친구한테서 이메일이 왔어요.

정　아　　어떤 친구예요?

솔롱고　　고등학교 때 친구인데, 한국에 관심이 많은 친구예요.

정　아　　그 친구는 한국에 온 적이 있어요?

솔롱고　　네, 작년에 한 번 왔는데, 그때 놀이공원에 갔어요.

정　아　　재미있었겠네요.

　　　　　그런데 무슨 일로 이메일을 보냈어요?

솔롱고　　그 친구가 다음 달에 우리 학교에 올 것 같아요.

정　아　　친한 친구와 같은 학교에 다니면 정말 좋겠네요.

솔롱고　　네, 재미있을 것 같아요.

표현
● 그 친구는 한국에 온 적이 있어요?　　　　　　● 그 친구가 다음 달에 우리 학교에 올 것 같아요.

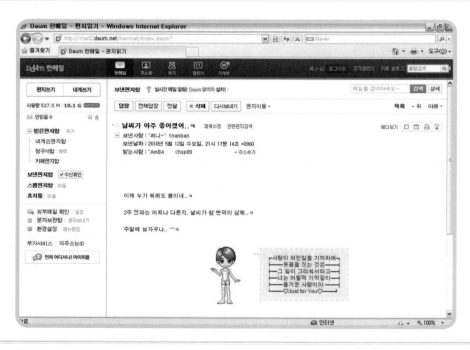

새 단어 ▶▶ 친하다

168

동 동   나나 씨, 지금 뭐 해요?

나 나   과제를 하기 위해서 인터넷을 검색하고 있었어요. 동동 씨는요?

동 동   잠이 안 와서요. 그런데 지난 수업 시간에 같이 들은 노래 제목이 뭐예요?

나 나   어? 마침 그 노래 듣고 있었는데……

동 동   그래요? 지금 보내 줄 수 있어요?

나 나   네, 잠시만요. 이메일로 보냈으니까 확인해 보세요.

동 동   고마워요. 그 노래를 들으면 잠이 잘 올 것 같아요.

나 나   저도 잠이 안 올 때 그 노래를 자주 들어요.

동 동   나나 씨도 과제를 빨리 끝내고 자요.

표현
● 마침 그 노래를 듣고 있었는데……   ● 이메일로 보냈으니까 확인해 보세요.
● 잠이 잘 올 것 같아요.

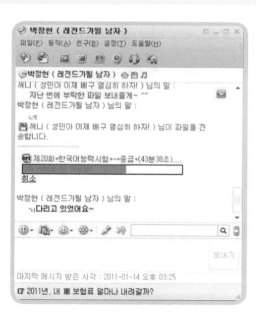

새 단어 ▶▶ 과제   마침   확인하다

저는 한국에 온 후에 고향 친구들과 채팅을 자주 하게 되었습니다. 채팅으로 고향 소식을 들을 수 있습니다. 그리고 제가 한국 생활, 한국 노래, 한국 영화 이야기를 많이 하면 친구들이 한국에 관심이 많기 때문에 아주 좋아합니다.

저는 블로그에 사진도 올리고 한국 생활에 대해서 글을 써서 올립니다. 많은 친구들이 들어와서 댓글을 씁니다. 한국 친구들이 제가 쓴 한국어를 고쳐 줘서 저는 한국어를 잘 알게 됐습니다. 그리고 좋은 한국 영화와 음악을 알려 줘서 한국 문화도 더 잘 알게 되었습니다.

고향에 계시는 부모님께서는 저에게 편지를 보내십니다. 하지만 친구들은 모두 스마트폰으로 연락합니다. 편지보다 편리해서 친구들과 연락을 더 자주 할 수 있습니다. 많은 친구들과 다양한 방법으로 만날 수 있어서 참 좋습니다.

새 단어 ▶▶ 채팅 블로그 고치다 스마트폰 연락하다

① 다음 〈보기〉와 같이 이야기하십시오.

〈보기〉　A : 몽골에 <u>간</u> 적이 있어요?

　　　　B : 네, <u>간</u> 적이 있어요. / 아니요, <u>간</u> 적이 없어요.

❶ 한복, 입다　　　　　　　　　❷ 케이크, 만들다

❸ 혼자, 여행, 가다　　　　　　❹ ☐☐☐☐☐ , ☐☐☐☐☐

② 다음 〈보기〉와 같이 이야기하십시오.

〈보기〉　A : 오늘 <u>친구가 올</u> 것 같아요?

　　　　B : 네, <u>올</u> 것 같아요.　　/　　B : 아니요, <u>못 올</u> 것 같아요.

❶ 비, 오다　　　　　　　　　　❷ 영화, 재미있다

❸ 시험, 어렵다　　　　　　　　❹ ☐☐☐☐☐ , ☐☐☐☐☐

③ 다음 〈보기〉와 같이 이야기하십시오.

〈보기〉　A : 한국어를 왜 공부해요?

　　　　B : <u>대학교에 들어가기</u> 위해서 공부해요.

　　　　A : 왜 아르바이트를 하고 있어요?

　　　　B : <u>이번 방학에 제주도 여행을 하기</u> 위해 아르바이트를 하고 있어요.

❶ 한국 문화, 배우다

　부모님, 선물, 사 드리다

❷ 한국 친구, 사귀다

　스마트폰, 바꾸다

❸ 한국 드라마, 보다

　친구, 도와 주다

❹

④ 다음 〈보기〉와 같이 이야기하십시오.

〈보기〉   A : 한국에 오기 전과 어떻게 달라요?
          B : 한국 친구가 없었는데 한국 친구를 많이 사귀게 되었어요.

❶ 한국 음식을 못 먹다, 좋아하다   ❷ 한국 문화를 잘 모르다, 알다

❸ 음식을 한 적이 없다, 직접 하다   ❹ [   ], [   ]

① 다음을 듣고 물음에 답하십시오.

1) 누가 누구한테서 무엇을 받았습니까?

2) 들은 내용과 같은 것은 무엇입니까?

❶ 정아 씨는 오늘 바빠요.

❷ 솔롱고 씨는 부모님께 소포를 보냈어요.

❸ 정아 씨는 몽골 과자를 먹어 본 적이 없어요.

❹ 솔롱고 씨는 점심 때 몽골 과자를 먹으려고 해요.

3) 솔롱고 씨는 왜 친구들을 초대했습니까?

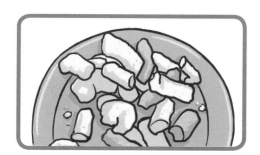 

새 단어 ▶▶ 소포

② 다음을 듣고 물음에 답하십시오.

1) 나나 씨는 어디에서 편지를 가지고 왔습니까?

2) 제인 씨는 부모님 편지를 왜 좋아합니까?

3) 들은 내용과 같은 것은 무엇입니까?

❶ 제인 씨 부모님께서는 이메일을 보내세요.

❷ 두 사람의 부모님께서는 자주 손편지를 쓰세요.

❸ 나나 씨 부모님께서는 이메일을 보내시지 않아요.

❹ 제인 씨 부모님께서는 컴퓨터를 잘 하실 수 없어요.

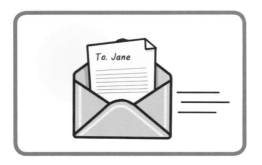

새 단어 ▶▶ -함   느끼다

3) 다음을 듣고 물음에 답하십시오.

1) 다음을 듣고 <u>알 수 없는</u> 것은 무엇입니까?

❶ 이용 시간   ❷ 이용 요금

❸ 이용 방법   ❹ 이용 장소

2) 이동도서관은 언제 이 아파트에 옵니까?

❶ 요일 : ☐☐☐☐☐   ❷ 시간 : ☐☐☐☐☐

3) 책은 얼마 동안 빌릴 수 있습니까?

❶ 1주일 동안   ❷ 2주일 동안

❸ 3주일 동안   ❹ 4주일 동안

4) 책을 빌리기 위해 무엇을 가지고 가야 합니까?

☐☐☐☐☐☐☐☐☐☐☐☐☐☐☐☐☐☐☐☐☐

5) 이동도서관에는 어떤 책이 있습니까?

❶ 음악, 동화   ❷ 동화, 소설

❸ 소설, 영화   ❹ 영화, 외국어

① 다음을 읽고 물음에 답하십시오.

보고 싶은 아버지께

아버지, 요즘 어떻게 지내세요?

여기는 요즘 맑고 시원해요. 또 단풍도 매우 아름다워요.

거기는 아직 좀 덥지요?

저는 수업이 끝나면 도서관에 가서 공부를 하거나 한국 친구를 만나 한국어로 이야기를 해요. 그 친구가 영화를 좋아해서 우리는 가끔 영화관에 가서 영화를 보고 그 영화에 대해서 이야기를 해요.

지난주에 우리 학교에서 체육대회를 했어요. 우리 반 친구들은 열심히 응원을 했어요. 우리 반이 농구는 1등, 축구는 3등을 했어요. 수업이 끝나고 열심히 연습을 했기 때문이에요. 우리는 체육대회가 끝나고 모두 식당에 가서 불고기 파티를 했어요.

다음 주가 시험이라서 내일부터는 매일 시험 공부를 해야 해요. 한국어는 쉽지 않지만 열심히 공부하면 잘할 수 있을 것 같아요.

저는 잘 지내고 있어요. 걱정하지 마세요. 다음에 또 편지할게요. 사랑해요.

○○○○년 ○월 ○○일
아들 동동 올림

1) 누가 누구에게 쓴 편지입니까?

```
┌─────────────────────────────────────────────────────────┐
│                                                         │
└─────────────────────────────────────────────────────────┘
```

2) 한국은 지금 무슨 계절입니까?

```
┌─────────────────────────────────────────────────────────┐
│                                                         │
└─────────────────────────────────────────────────────────┘
```

3) 수업 후 하지 않는 것은 무엇입니까?

❶ 친구들과 운동을 합니다.

❷ 도서관에서 공부를 합니다.

❸ 한국 친구와 이야기를 합니다.

❹ 가끔 영화관에서 영화를 봅니다.

4) 위 글의 내용과 같으면 O, 다르면 X 하십시오.

❶ 우리 반은 응원도 1등을 했습니다. (   )

❷ 동동 씨는 지난주에 불고기를 먹었습니다. (   )

❸ 영화를 좋아하는 친구 때문에 가끔 극장에 갑니다. (   )

❹ 시험이 있어서 다음 주부터 열심히 공부해야 합니다. (   )

② 다음을 읽고 물음에 답하십시오.

보통 일을 하고 있거나 다른 사람과 같이 이야기를 하고 있으면 통화하기가 어렵습니다. 그때는 간단하게 문자 메시지를 보냅니다.

"수업이 끝나고 학생식당에서 만나요."

"내일 저녁 약속, 잊지 마세요."

가끔은 전화를 할 수 있을 때도 문자 메시지를 보냅니다. 간단하게 안내할 내용은 문자 메시지가 더 편리합니다.

"내일 체육대회는 아침 9시에 시작합니다."

기억하기 어려운 것도 문자메시지를 보냅니다.

"OO 씨 전화번호는 010-6642-OOOO입니다."

"내일 불고기 파티 회비는 만 원입니다."

간단하게 단어만 쓸 때도 있습니다.

"내일 체육대회 아침 9시"

전화로 하기 어려운 말도 문자 메시지로 보냅니다.

"어제 정말 미안했어요."

이렇게 문자 메시지가 통화나 편지보다 편리할 때가 많습니다.

1) 문자 메시지를 보내는 때가 <u>아닌</u> 것은 언제입니까?

❶ 혼자 있을 때   ❷ 간단한 내용을 보낼 때

❸ 일을 하고 있을 때   ❹ 하기 어려운 말을 해야 할 때

2) 위 문자메시지의 내용을 간단하게 바꿔 보십시오.

❶ "수업이 끝나고 학생 식당에서 만나요."	❶ "수업 후 학생식당"
❷ "내일 저녁 약속, 잊지 마세요."	❷
❸ "내일 체육대회는 아침 9시에 시작합니다." ⇨	❸
❹ "OO 씨 전화번호는 010-6642-OOOO입니다."	❹
❺ "내일 불고기 파티 회비는 만 원입니다."	❺

새 단어 ▶▶ 회비

178

① **한국에서 어떤 경험을 했습니까?**

1) 빈 칸에 알맞은 표현을 쓰십시오.

❶ 경험

_____ (으)ㄴ 적이 있습니다.

버스를 놓치다.   수업 시간에 늦다.

(   )

❷ 그래서

_____ 게 되었습니다.

택시를 타다.   중요한 설명을 못 듣다.

(   )

❸ 요즘은

일찍 준비하고 나갑니다. 이제 _____ (으)ㄹ 것 같습니다.

밤에 일찍 잡니다. 이제 _____ (으)ㄹ 것 같습니다.

(   )

2) 경험을 〈보기〉와 같이 이야기로 만드십시오.

〈보기〉　 나는 학교에 가는 날 아침에 늦게 일어나서 버스를 놓친 적이 있습니다. 그래서 택시를 타게 되었습니다. 돈이 많이 들었습니다. 부모님께서 보내 주신 돈인데…… 요즘은 조금 더 일찍 준비하고 나갑니다. 이제 버스를 놓치지 않을 것 같습니다. 택시를 타지 않으면 돈을 아낄 수 있을 것 같습니다.

새 단어 ▶▶ 놓치다

3) 한국 생활 이야기를 쓰십시오.

〈보기〉 계단에서 넘어진 적이 있다. 휴대폰을 잃어버린 적이 있다.
친구들과 여행을 간 적이 있다. 고향 음식을 만든 적이 있다.
_____ _____

❶

❷

② 여러분은 언제, 어떤 내용을 보냅니까? 자주 보내는 문자를 쓰십시오.

	언제	문자 내용
❶	친구가 수업을 할 때	"수업이 끝나고 학생 식당에서 만나요."
❷	친구가 다른 사람과 같이 있을 때	
❸	간단한 내용	
❹	기억하기 어려운 내용	
❺	말하기 어려운 내용	
❻	약속할 때	
❼	심심할 때	
❽	부탁할 때	
❾	좋은 노래를 보낼 때	
❿	사진을 보낼 때	

① 선물 주고 받기를 해 보십시오.

1) 주는 사람과 받는 사람, 그 친구에게 줄 선물을 카드에 쓰십시오.

주는 사람	왕동동
받는 사람	장나나
선물	지갑

주는 사람	마이클
받는 사람	아사코
선물	장갑

주는 사람	솔롱고
받는 사람	이상민
선물	손수건

주는 사람	
받는 사람	
선물	

주는 사람	
받는 사람	
선물	

주는 사람	
받는 사람	
선물	

2) 그리고 〈보기〉와 같이 이야기하십시오.

〈보기〉	학생들 ː "동동 씨가 나나 씨에게/한테 지갑을 주었어요."
	나나 씨 ː "저는 동동 씨에게(서)/한테(서) 지갑을 받았어요."

② 〈보기〉와 같이 이야기하십시오.

〈보기〉

감기에 걸린 것 같아요.

❶ 방에 사람이

❷ 친구를

❸

❹

❺

❻

❼

❽

❾ 오전   오후

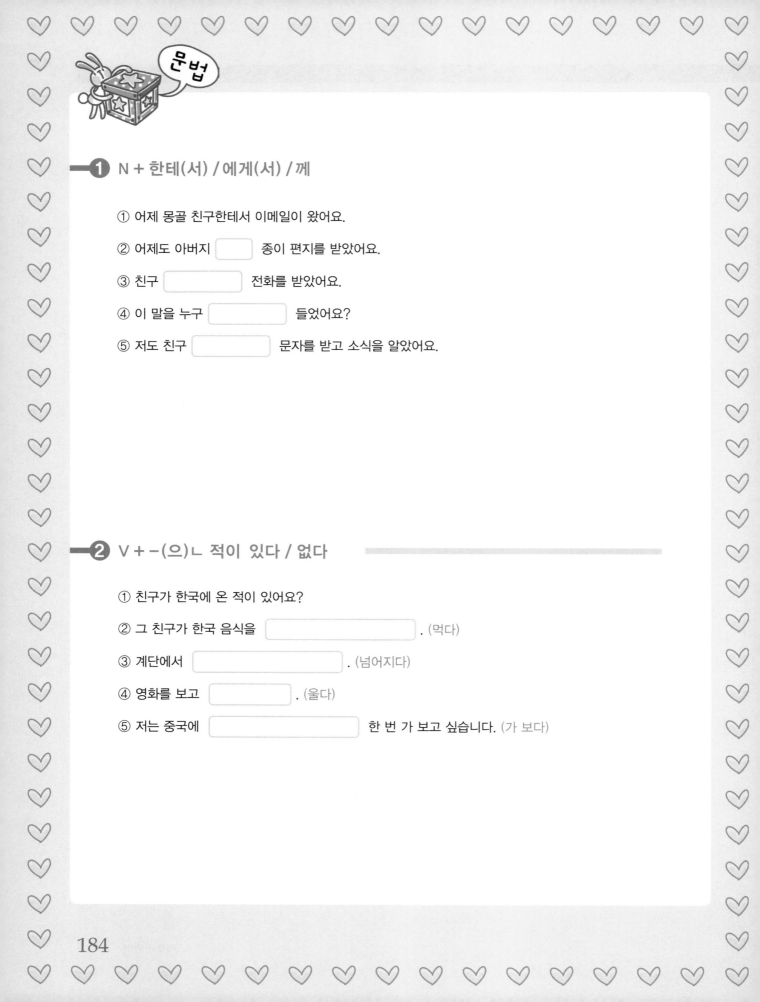

1 N + 한테(서) / 에게(서) / 께

① 어제 몽골 친구한테서 이메일이 왔어요.

② 어제도 아버지 [   ] 종이 편지를 받았어요.

③ 친구 [   ] 전화를 받았어요.

④ 이 말을 누구 [   ] 들었어요?

⑤ 저도 친구 [   ] 문자를 받고 소식을 알았어요.

2 V + -(으)ㄴ 적이 있다 / 없다

① 친구가 한국에 온 적이 있어요?

② 그 친구가 한국 음식을 [   ] . (먹다)

③ 계단에서 [   ] . (넘어지다)

④ 영화를 보고 [   ] . (울다)

⑤ 저는 중국에 [   ] 한 번 가 보고 싶습니다. (가 보다)

❸ A / V + -(으)ㄴ 것 / 는 것 / (으)ㄹ 것 같다

1) 동사 + -(으)ㄴ 것 / 는 것 / (으)ㄹ 같다

	과거 (상황을 보고 얘기하는 경우)	현재	미래
비가 오다	비가 온 것 같아요.	비가 오는 것 같아요.	비가 올 것 같아요.
밥을 먹다	밥을 먹은 것 같아요.	밥을 먹는 것 같아요.	밥을 먹을 것 같아요.

★ 과거(상황을 보지 않고 얘기하는 경우) : 비가 왔을 것 같아요.
밥을 먹었을 것 같아요.
수업이 끝났을 것 같아요.

① 그 친구가 다음 달에 우리 학교에 올 것 같아요.

② 학생들이 나오고 있어요. 수업이 [   ] . (끝나다)

③ 지금 길이 막혀서 부산까지 버스로 5시간쯤 [   ] . (걸리다)

2) 형용사 + -었 / 았을 것 -(으)ㄴ 것 / (으)ㄹ 것 같다

① 동동 씨가 오늘 아픈 것 같아요.

② 내년 겨울은 더 [   ] . (춥다)

③ 저 식당에 가 본 적이 없지만 [   ] . (비싸다)

④ 음식이 생각보다 [   ] . (많다)

⑤ 나나 씨는 어릴 때 [   ] . (예쁘다)

3) 있다 / 없다 + -는 것 / (으)ㄹ 것 같다

① 상황을 보고 얘기하는 경우 : 지금 집에 있는/없는 것 같아요.

② 상황을 보지 않고 얘기하는 경우 : 지금 집에 있을/없을 것 같아요.

4 V + -기 위해(서)

① 시험을 잘 보기 위해서 공부하고 있었어요.

② 빨리 [＿＿＿＿＿＿＿＿] 택시를 탔어요. (가다)

③ 10시 기차를 [＿＿＿＿＿＿＿＿] 서둘렀어요. (타다)

④ 방학에 여행을 [＿＿＿＿＿＿＿＿] 돈을 모았어요. (가다)

⑤ 그 학교에 [＿＿＿＿＿＿＿＿] 열심히 공부했어요. (들어가다)

5 V + -게 되다

① 고향 친구들과 채팅을 자주 하게 되었습니다.

② 감기가 오랫동안 낫지 않아서 병원에 [＿＿＿＿＿＿＿＿]. (가다)

③ 여러분과 같이 [＿＿＿＿＿＿＿＿] 기쁩니다. (공부하다)

④ 나중에는 저도 그 남자를 [＿＿＿＿＿＿＿＿]. (좋아하다)

⑤ 이번 학기부터 학교 근처의 아파트에서 [＿＿＿＿＿＿＿＿]. (살다)

1. 무슨 음식을 좋아해요?
2. 무슨 음식을 만들어 봤어요?
3. 그 음식은 무엇으로 만들어요?

10과

요리

상 민 이번 주말에 뭐 할까요?

아사코 요즘 날씨도 좋은데, 놀이공원에 갔으면 좋겠어요.

  어때요?

상 민 좋아요. 점심도 준비하고요.

아사코 그럼 점심은 우리 두 사람이 준비하기로 해요.

상 민 간식도 있으면 좋을 것 같아요.

솔롱고 간식은 제가 준비할게요.

상 민 그럼 제가 물을 준비할까요?

아사코 물은 무거우니까 각자 가져가요.

마이클 그럼 내일 아침 9시에 지하철역에서 만나요.

표현

- 요즘 날씨도 좋은데, 놀이공원에 갔으면 좋겠어요. - 점심은 우리 두 사람이 준비하기로 해요.

새 단어 ▶▶ 간식 각자

아사코	오늘 오후에 김밥 재료를 사러 갈까 해요.
	상민 씨, 오늘 시간 괜찮아요?
상 민	네, 괜찮아요. 그런데 뭘 사야 하지요?
아사코	김이랑 햄, 계란, 당근, 시금치, 단무지를 사면 돼요.
상 민	저는 치즈 김밥을 좋아하는데, 치즈도 사요.
마이클	살 게 많네요. 저도 갈까요?
아사코	마이클 씨도 도와주려고요?
	저는 마이클 씨가 바쁠까 봐 부탁하지 못했어요.
마이클	오늘은 시간이 있으니까 같이 가요.
아사코	그럼 오후 4시에 후문 앞에서 만나요.

표현

• 오늘 시간 괜찮아요?　　　　　　　• 마이클 씨가 바쁠까 봐 부탁하지 못했어요.

새 단어 ▶▶ 재료　김　햄　계란　당근　시금치　단무지　치즈　부탁하다　후문

5월 11일 토요일 (아사코 일기)

상민 씨와 마이클 씨가 토요일 아침 일찍 우리 집에 왔습니다. 우리는 주방에서 어제 사 온 김밥 재료로 김밥을 만들었습니다. 상민 씨를 위해서 치즈 김밥도 만들었습니다.

먼저 당근은 씻은 후에 가늘게 썰어서 볶았습니다. 햄은 길게 썰어 부치고, 시금치는 데쳐서 무쳤습니다. 계란은 부친 후에 길게 썰었습니다. 마지막으로 밥에 소금과 참기름을 조금 넣고 섞었습니다. 재료 준비를 끝내고 김밥을 말았습니다.

① 김 위에 밥을 놓고 잘 폅니다.
② 밥 가운데 당근과 시금치를 놓습니다.
③ 햄, 단무지, 계란도 놓습니다.
④ 손으로 둥글게 김밥을 맙니다.
⑤ 김밥을 먹기 좋게 썹니다.

김밥 만들기는 재미있었습니다. 우리는 노래를 부르면서 김밥을 만들었습니다.

날씨도 좋고 우리가 직접 만든 김밥을 먹어서 정말 즐거웠습니다. 다음에 또 친구들과 음식을 만들어서 놀러 갔으면 좋겠습니다.

요리

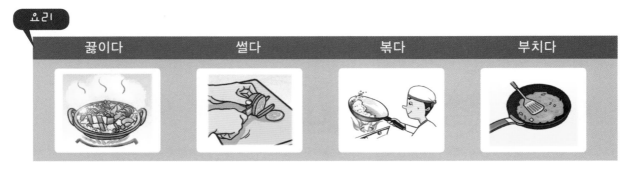

| 끓이다 | 썰다 | 볶다 | 부치다 |

새 단어 ▶▶ 가늘다 데치다 무치다 소금 참기름 섞다 말다 펴다 놓다 둥글다

① 다음 〈보기〉와 같이 이야기하십시오.

〈보기〉 A : 이번 주말에는 뭐 하고 싶어요?
B : 이번 주말에는 <u>등산을 했</u>으면 좋겠어요.
A : 다음 주말에는요?
B : 다음 주말에는 <u>영화를 봤</u>으면 좋겠어요.

❶ 만화책, 읽다 /
한국 드라마, 보다

❷ 친구, 만나다 /
선생님 댁, 가다

❸ 낚시하다, 바다에 가다 /
그림을 보다, 미술관에 가다

❹

② 다음 〈보기〉와 같이 이야기하십시오.

〈보기〉 A : <u>뭐</u> 하기로 했어요?
B : 친구하고 <u>체육관에서</u> <u>운동하</u>기로 했어요.

❶ A : 어디, 만나다
B : 도서관 앞, 만나다

❷ A : 언제, 출발하다
B : 오후 1시, 출발하다

❸ A : 뭐, 사다
B : 운동화, 사다

❹ A :
B :

③ 다음 〈보기〉와 같이 이야기하십시오.

〈보기〉　　A : 방학 때 뭘 할 거예요?
　　　　　B : <u>수영을 배우</u>기로 했어요.

❶ 혼자 여행을 가 보다

❷ 아르바이트를 해서 돈을 모으다

❸ 토픽 시험을 준비하다

❹

④ 다음 〈보기〉와 같이 이야기하십시오.

〈보기〉　　동동 : 오후에 뭐 할 거예요?
　　　　　나나 : <u>도서관에서 책을 읽을까</u> 해요.

❶ 부모님 선물을 사러 백화점에 가다

❷ 사무실에 전화해서 시험 장소를 물어보다

❸ 인터넷으로 토픽 시험을 신청하다

❹

⑤ 다음 〈보기〉와 같이 이야기하십시오.

〈보기〉　　A : 왜 그렇게 서두르세요?
　　　　　 B : <u>회의에 늦을까</u> 봐 서둘러요.

❶ 지각하다

❷ 친구들, 오래 기다리다

❸ 기차, 놓치다

❹

⑥ 다음 〈보기〉와 같이 이야기하십시오.

〈보기〉　　A : 지금 뭐 하고 있어요?
　　　　　 B : <u>음악을 들으면서 춤을 추고</u> 있어요.

❶

B :

❷

B :

❸

B :

❹

B :

새 단어 ▶▶ 서두르다

① 다음을 듣고 물음에 답하십시오.

1) 동동 씨는 지금 무엇을 하려고 합니까?

┌───┐
│   │
└───┘

2) 마이클 씨는 왜 가지 않으려고 했습니까?

┌───┐
│   │
└───┘

3) 저녁 식사 때 어느 나라 말로 이야기하겠습니까?

┌───┐
│   │
└───┘

4) 들은 내용과 <u>다른</u> 것은 무엇입니까?

❶ 마이클 씨는 아직 저녁을 안 먹었어요.

❷ 동동 씨는 마이클 씨와 같이 저녁을 먹고 싶어 해요.

❸ 마이클 씨는 오늘 저녁에 동동 씨 친구들과 같이 저녁을 먹지 못해요.

❹ 마이클 씨는 동동 씨 친구들이 중국어로 이야기할까 봐 가지 않으려고 했어요.

② 다음을 듣고 물음에 답하십시오.

1) 들은 내용의 제목으로 가장 적당한 것은 무엇입니까?

    ❶ 잡채 만들기   ❷ 시청자와 함께

    ❸ 가족과 함께 식사를   ❹ 요리 재료 준비하기

2) 이 프로그램은 언제 다시 볼 수 있습니까?

┌───┐
│   │
└───┘

3) 다음 빈칸에 적당한 말을 찾아 넣으십시오.

┌───┐
│ ❶ 먹기 좋게 썰어서 볶습니다.   ❷ 길게 썰어서 볶습니다.   │
│ ❸ 끓는 물에 삶아서 찬 물에 헹굽니다. ❹ 가늘게 썰어서 볶습니다.   │
│ ❺ 끓는 물에 데쳐서 무칩니다.   │
└───┘

소고기는 _____ .

시금치는 _____ .

버섯은 _____ .

당근은 _____ .

당면은 _____ .

4) 들은 내용과 <u>다른</u> 것은 무엇입니까?

    ❶ 〈요리는 즐거워요〉는 TV 프로그램입니다.

    ❷ 잡채의 요리 방법은 주로 끓이는 것입니다.

    ❸ 〈요리는 즐거워요〉 시간에 잡채를 만들었습니다.

    ❹ 잡채는 주로 당면, 고기, 시금치 등으로 만듭니다.

새 단어 ▶▶ 당면 소고기 버섯 양파 식용유 간장 설탕 삶다 헹구다 프로그램

① 다음 글을 읽고 물음에 답하십시오.

> 오늘 학교에서 세계 음식 축제를 열었습니다. 우리 반 친구들은 각자 자기 나라의 음식을 소개하기로 했습니다. 동동 씨는 만두를 만들고, 마이클 씨는 샌드위치를 만들었습니다. 저는 몽골 음식인 양고기 구이를 만들고, 아사코 씨는 초밥을 만들었습니다. 카잉 씨는 쌀국수를 만들었습니다. 이번 학기에 이탈리아에서 온 카를로 씨는 스파게티를 만들었습니다.
>
> 나나 씨는 중국 전통 옷을 입고 크게 외쳤습니다.
>
> "맛있는 중국 만두 먹고 가세요."
>
> 많은 학생들이 와서 여러 나라 음식을 먹으면서 즐거워했습니다.
>
> 정아 씨와 상민 씨가 만든 송편과 떡국은 외국 학생들에게 인기가 많았습니다.
>
> 세계 여러 나라의 음식을 먹으면서 음식 문화를 배울 수 있어서 정말 즐거웠습니다. 다음에는 세계 여러 나라의 민속놀이를 했으면 좋겠습니다.

1) 무엇에 대한 이야기입니까?

2) 이 글은 누가 쓴 것입니까?

❶ 몽골 학생 ❷ 한국 학생

❸ 일본 학생 ❹ 미국 학생

3) 이 사람은 다음에 무엇을 하고 싶어 합니까?

❶ 세계 옷 축제 ❷ 세계 놀이 축제

❸ 세계 음식 축제 ❹ 세계 만두 축제

새 단어 ▶▶ 축제 샌드위치 양고기 구이 외치다 송편 떡국 인기 민속놀이

196

4) 무슨 음식을 만들었습니까?

나라	만든 음식	나라	만든 음식
중국		몽골	
일본		미국	
베트남		한국	
이탈리아			

5) 위 글의 내용과 같으면 O, 다르면 X 하십시오.

❶ 세계의 음식을 먹어 볼 수 있어서 좋았습니다. (   )

❷ 카를로 씨는 지난 학기부터 같이 공부했습니다. (   )

❸ 외국 학생들은 송편과 떡국을 매우 좋아했습니다. (   )

❹ 나나 씨는 중국 전통 옷을 입고 만두를 만들었습니다. (   )

② 다음 글을 읽고 물음에 답하십시오.

한국 사람들은 설날에 떡국을 먹습니다. 떡국은 소고기 국물을 만든 후에 떡을 둥글게 썰어서 넣고 끓입니다. 둥근 떡 모양은 동전과 모양이 같기 때문에 부자를 의미합니다. 또 하얀 떡은 오래 사는 것을 의미합니다. 그래서 떡국을 먹는 것은 부자가 되고 나이를 한 살 더 먹는 것입니다.

어떤 아이들은 나이를 더 먹고 싶어서 두 그릇을 먹습니다. 나나 씨와 마이클 씨는 한 그릇을 더 먹을까 했지만, 두 살을 먹게 될까 봐 한 그릇씩만 먹었습니다. 그런데 동동 씨는 두 그릇을 먹었습니다. 사람들은 두 그릇을 먹는 동동 씨를 보면서 모두 웃었습니다. 우리는 모두 떡국을 맛있게 먹었습니다.

1) 한국 사람은 언제 떡국을 먹습니까?

2) 떡국을 만드는 방법이 <u>아닌</u> 것은 무엇입니까?

❶ 떡을 둥글게 썰어서 끓입니다.

❷ 소고기와 떡을 같이 넣고 끓입니다.

❸ 소고기 국물에 떡을 넣어 끓입니다.

❹ 떡국은 하얀 떡을 끓여서 만듭니다.

3) 아이들이 떡국을 설날에 두 그릇을 먹는 이유가 무엇입니까?

4) 위 글의 내용과 같은 것은 무엇입니까?

❶ 떡국은 건강에 좋습니다.

❷ 떡국 떡은 동전처럼 생겼습니다.

❸ 나나 씨는 떡국을 2그릇 먹었습니다.

❹ 떡국의 하얀색은 돈이 많은 사람을 의미합니다.

새 단어 ▶▶ 설날   국물   부자   의미하다   (나이를)먹다

① 여러분 나라의 음식을 만들 수 있습니까? 음식 만드는 방법을 쓰십시오.

김밥	잡채
1) 김 위에 밥을 놓고 폅니다. 2) 밥 가운데에 당근과 시금치를 놓습니다. 3) 햄과 단무지를 그 위에 놓습니다. 4) 계란을 재료 위 가운데에 놓습니다. 5) 손으로 둥글게 김밥을 맙니다. 6) 김밥을 먹기 좋게 썰어서 접시에 놓습니다.	1) 소고기는 길게 썰어서 볶습니다. 2) 시금치는 끓는 물에 데쳐서 무칩니다. 3) 버섯은 먹기 좋게 썰어서 볶습니다. 4) 당근은 가늘게 썰어서 볶습니다. 5) 양파는 길게 썰어서 볶습니다. 6) 당면은 끓는 물에 삶아서 찬 물에 헹굽니다. 7) 모든 재료를 큰 그릇에 넣고 참기름, 간장, 설탕을 넣고 섞습니다.

❶	❶
❷	❷
❸	❸
❹	❹
❺	❺
❻	❻
❼	❼

② 여러분은 무슨 음식을 먹습니까? 그 음식의 재료는 무엇입니까? 어떻게 만듭니까?

1) 1월 1일에...

2) 생일에...

3) 감기에 걸렸을 때...

① 한 친구는 두 가지 동작을 함께 하고, 다른 친구는 그 동작을 이야기하십시오.

정아 씨	커피를 마시면서 전화를 받습니다.

② 친구가 좋아하는 음식을 알아보고 〈보기〉처럼 요리법을 이야기하십시오.

〈보기〉 잡채 : 썰다, 볶다

A : 어떤 음식을 좋아해요?

B : 잡채를 좋아해요.

A : 잡채는 어떻게 만들어요?

B : 우선 재료를 먹기 좋게 썰어야 해요.
　　그리고 그 재료를 볶으면 돼요.

1) 라면 : 끓이다

A :

B :

A :

B :

2) 계란찜 : 찌다

A :

B :

A :

B :

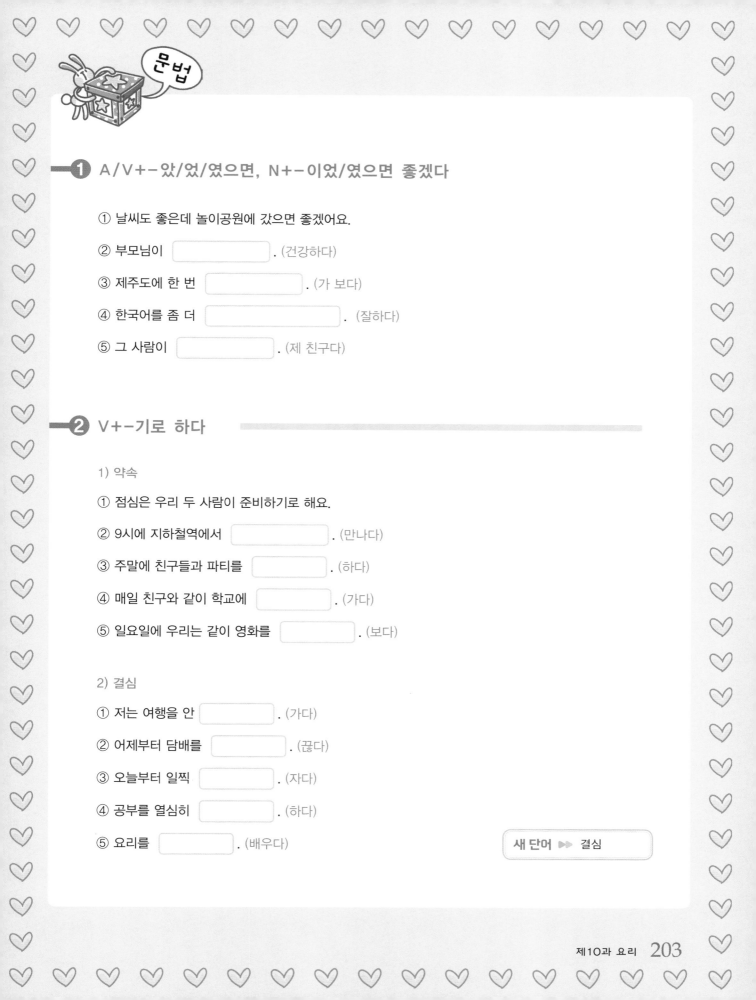

① A/V+-았/었/였으면, N+-이었/였으면 좋겠다

① 날씨도 좋은데 놀이공원에 갔으면 좋겠어요.

② 부모님이 [   ]. (건강하다)

③ 제주도에 한 번 [   ]. (가 보다)

④ 한국어를 좀 더 [   ]. (잘하다)

⑤ 그 사람이 [   ]. (제 친구다)

② V+-기로 하다

1) 약속

① 점심은 우리 두 사람이 준비하기로 해요.

② 9시에 지하철역에서 [   ]. (만나다)

③ 주말에 친구들과 파티를 [   ]. (하다)

④ 매일 친구와 같이 학교에 [   ]. (가다)

⑤ 일요일에 우리는 같이 영화를 [   ]. (보다)

2) 결심

① 저는 여행을 안 [   ]. (가다)

② 어제부터 담배를 [   ]. (끊다)

③ 오늘부터 일찍 [   ]. (자다)

④ 공부를 열심히 [   ]. (하다)

⑤ 요리를 [   ]. (배우다)

새 단어 ▶▶ 결심

3 V+-(으)ㄹ까 하다

① 오후에 김밥 재료를 사러 갈까 해요.

② 점심에 시간이 없어서 샌드위치를 [   ]. (먹다)

③ 돈을 모으기 위해서 아르바이트를 [   ]. (하다)

④ 손님이 많아서 오늘은 가게 문을 조금 늦게 [   ]. (닫다)

⑤ 우리는 저녁을 먹으러 [   ], 같이 가시겠어요? (나가다)

4 A/V+-(으)ㄹ까 봐

① 저는 상민 씨가 바쁠까 봐 부탁하지 못했어요.

② 기차를 [   ] 택시를 타고 왔어요. (놓치다)

③ 김치찌개가 너무 [   ] 먹지 않았어요. (맵다)

④ 엄마가 [   ] 말씀드리지 못했어요. (화를 내다)

⑤ 문제가 어려워서 [   ] 대답하지 않았어요. (틀리다)

5 A/V+-(으)면서, N+(이)면서

① 우리는 노래를 부르면서 김밥을 만들었습니다.

② 휴대폰을 [   ] 친구를 기다렸어요. (보다)

③ 음악을 [   ] 책을 읽었어요. (듣다)

④ 샌드위치를 [   ] 회의를 했습니다. (먹다)

⑤ [   ] 배우인 연예인이 많습니다. (가수이다)

새 단어 ▶▶ (화를)내다

204

부록

Appendix 附录

모범 답안 Model Answers 答案

제1과 날씨

듣기 *p.17*

1. 1) ① 추웠습니다   ② 춥지요/먹읍시다   ③ 맛있게
   2) ①

2. 1) ②
   2) ① ○   ② ×   ③ ×
   3) ②
   4) 수영을 배우려고 합니다.

3. 1) ④
   2) ①
   3) ①
   4) 비는 모레 아침에 그칩니다.
   5)

내일 날씨
① 내일은 맑아요.(×)
② 내일은 하루 종일 바람이 불어요.(○)

모레 날씨
① 모레는 비가 그쳐요.(○)
② 모레는 날씨가 좋아요.(○)

읽기 *p.20*

1. 1) ④   2) ③
   3)

	독서	등산	여행	단풍 구경	공부
사람들	○	○	○	○	×

2. 1) ②
   2) ④
   3) ④
   4) ① 여름   ② 겨울   ③ 봄
      ④ 봄, 여름, 가을, 겨울

제2과 교통

듣기 *p.36*

1. 1) ④
   2) ③
   3) ②

2. 1) 서울에서 천안까지
   2) ③
   3) ④

3. 1) ③   2) ②
   3) ① ×   ② ×   ③ ×   ④ ○

1. 1) ①
   2) ②
   3) ① 서울광장에 갔습니다.
      ② 사진 전시회를 봤습니다.

2. 1) ①, ③
   2) ②
   3) ②
   4) ① ○   ② ○   ③ ×   ④ ×

제3과 운동

1. 1) ①
   2) ④
   3)

① 언제	다음 주말에
② 누구와	마이클과
③ 어디에	스키장에
④ 무엇 하러	스키를 타러

2. 1) 배구장
   2) ①
   3) ④
   4) ②

3. 1) ①
   2) ③
   3) ① ○   ② ○   ③ ○   ④ ×   ⑤ ×

1. 1) ③   2) ①
   3) ① ×   ② ○   ③ ×   ④ ○   ⑤ ×

2. 1) ① 축구
      ② 테니스
   2) ①
   3) ①

제4과 취미

1. 1) 영화 감상   2) ③
   3) 집에서 컴퓨터로 영화를 봅니다
   4) ②   5) ③

2. 1) 인형 수집   2) ②   3) ③

3. 1) 그림 감상, 그림 그리기
   2) ②, ④
   3) 한국 화가의 그림을 보러 인사동(전시회)에
      갑니다.
   4) ②

1. 1) ③
   2) 하루에 한 시간 정도
   3) ②
   4) ③

2. 1) ②   2) ③   3) ⑤

제5과 여행

듣기 *p.92*

1. 1) ④
   2) ① ×   ② ×   ③ ×   ④ ○   ⑤ ○

2. 1) ①
   2) ③
   3) ④

3. 1) ④
   2) ②
   3) ④
   4) ① 10월 21일 목요일   ② 네 사람
   5) ① 이름   ② 여권 번호

읽기 *p.95*

1. 1) ① 부채   ② 비빔밥   ③ 판소리   ④ 영화
   2) ③

2. 1) 왕
   2) ③
   3) ②
   4) 전통결혼식
   5) ④

제6과 친구

듣기 *p.116*

1. 1) ③
   2) ④

2. 1) 모자 가게
   2) 멋있지만 조금 커서
   3) 잘 어울려서
   4) ① ○   ② ×   ③ ×

3. 1) ③
   2) ③
   3) ① ○   ② ×

읽기 *p.118*

1. 1) ①
   2) ③
   3) ③

2. 1) ④
   2) ①
   3) ②
   4) ④

3. 1) ②
   2) 친구들과 즐겁게 이야기를 하면 자주
      웃을 수 있어서

제7과 병원

듣기 *p.135*

1. 1) ①
   2) ③
   3) ① ○   ② ○   ③ ×   ④ ×

2. 1) ②
   2) ①, ③, ④
   3) ③
   4) ②

3. 1) 종이를 자르고 있었습니다.
   2) 약상자
   3) ①, ③
   4) ① ○   ② ×   ③ ○   ④ ×   ⑤ ○

읽기 *p.138*

1. 1) ⑥, ③, ②, ①, ⑤
   2) 의사
   3) ④
   4) ②
   5) ① ×   ② ○   ③ ○   ④ ×

2. 1) ①
   2) ②
   3) ②
   4) 술을 마십니다. 담배를 피웁니다.
   5) ① ×   ② ×   ③ ○

3. 1) ①
   2) ④
   3) ③

제8과 생활

듣기 *p.154*

1. 1) 우체국
   2) 책을 보내려고 합니다.
   3) ③ → ① → ②
   4) ①

2. 1) ①
   2) ③
   3) ① ○   ② ×   ③ ×   ④ ○
   4) ② 음악을 듣습니다.
      ③ 드라마를 봅니다.
      ④ 게임을 합니다.
      ⑤ 기차나 고속버스표를 예매합니다.

3. 1) 돈을 찾으러 은행에 갔습니다.
   2) 현금지급기, 카드나 통장
   3) ① ×   ② ×   ③ ○   ④ ×

읽기 *p.157*

1. 1) ①
   2) 기숙사
   3) 아파트나 원룸

2. 1) ④
   2) ①
   3) 무역 회사를 경영하려고 합니다.
   4) ① ○   ② ×   ③ ○
      ④ ○   ⑤ ○   ⑥ ○

제9과 연락

듣기 *p.173*

1. 1) 솔롱고 씨가 부모님께 소포를 받았습니다.
   2) ③
   3) 몽골 과자를 같이 먹으려고

2. 1) 편지함
   2) 부모님의 사랑을 더 많이 느낄 수 있어서
   3) ④

3. 1) ②
   2) ① 매주 토요일   ② 10시~12시
   3) ②
   4) 신분증
   5) ②

읽기 *p.176*

1. 1) 한국에 있는 아들이 고향에 계시는 아버지께
   2) 가을
   3) ①
   4) ① ✕   ② ○   ③ ○   ④ ✕

2. 1) ①
   2) ② 내일 저녁 약속
      ③ 내일 체육대회 아침 9시 시작
      ④ ○○ 전화 010−6642−○○○○
      ⑤ 내일 불고기 파티 회비 만 원

제10과 요리

듣기 *p.194*

1. 1) 친구들과 저녁 먹으러 나가려고 합니다.
   2) 중국어를 못해서 중국 친구들이 불편해 할까 봐
   3) 한국어
   4) ③

2. 1) ①
   2) 다음 주 목요일
   3) ②, ⑤, ①, ④, ③
   4) ②

읽기 *p.196*

1. 1) 우리 학교 세계 음식 축제
   2) ①
   3) ②
   4)

나라	만든 음식	나라	만든 음식
중국	만두	몽골	양고기 구이
일본	초밥	미국	샌드위치
베트남	쌀국수	한국	송편, 떡국
이탈리아	스파게티		

   5) ① ○   ② ✕   ③ ○   ④ ✕

2. 1) 설날
   2) ②
   3) 나이를 더 먹고 싶어서
   4) ②

듣기 지문 Listening Transcript 听力课文

제1과 날씨 *p.17*

❶

오늘은 날씨가 추웠습니다. 저는 오늘 상민 씨와 저녁을 먹었습니다.

"뭘 먹을까요?"

"날씨가 무척 춥지요? 우리 김치찌개를 먹읍시다."

"네, 좋아요. 날씨가 추워서 저도 찌개를 먹고 싶어요."

우리는 김치찌개를 아주 맛있게 먹었습니다.

❷

선 생 님 : 나나 씨는 이번 여름 방학에 무엇을 할 거예요?

나　　나 : 저는 한국에서 수영을 배우려고 해요.

선 생 님 : 솔롱고 씨는요?

솔 롱 고 : 저는 한국에서 친구들과 같이 해수욕장에 가려고 해요.

선 생 님 : 니콜라이 씨는 뭘 하려고 해요?

니콜라이 : 저는 가족들과 함께 유럽 여행을 하려고 해요.

선 생 님 : 에밀리 씨도 가족들과 여행할 거예요?

에 밀 리 : 아니요. 저는 할머니 댁에 가려고 해요.

선 생 님 : 모두 방학을 즐겁게 지내세요.

다 같 이 : 선생님도요.

❸

내일의 날씨입니다. 내일은 하루 종일 비가 오고 바람이 많이 불겠습니다. 내일 최고 기온은 27도, 최저 기온은 17도 정도가 되겠습니다. 비는 모레 아침에 그치겠습니다. 모레는 매우 맑겠습니다.

시청자 여러분! 내일은 우산을 가지고 나가십시오. 그리고 아침 출근길에 운전 조심하십시오. 감사합니다.

제2과 교통 *p.36*

❶

A : 서울역에 어떻게 가야 해요?

B : 서울역까지는 버스를 타야 해요. 하지만 지금은 차가 많아서 길이 많이 막히니까 버스를 타지 마세요.

A : 그럼 뭘 타야 해요?

B : 지하철이 좋아요. 저기 사거리에 지하철역이 있어요. 거기에서 2호선 지하철을 타고 시청역으로 가서 1호선으로 갈아타세요.

A : 감사합니다.

❷

남자 : 서울에서 천안까지 얼마나 걸려요?

여자 : 고속버스로 한 시간쯤 걸려요.

남자 : 기차로는 얼마나 걸려요?

여자 : KTX로는 40분쯤 걸리고, 무궁화호로는 1시간 10분쯤 걸려요.

남자 : 우리는 시간이 있으니까 무궁화호를 탑시다.

여자 : 하지만 여기에서는 고속버스터미널이 가까우니까 기차보다 고속버스가 좋을 거예요.

남자 : 그래요? 그럼 기차를 타지 말고 고속버스를 탑시다.

❸

A : 저, 실례지만 박물관에 가려고 하는데 어떻게 가야 해요?

B : 버스정류장에서 502번이나 213번 버스를 타세요.

A : 지하철은 없어요?

B : 지하철도 있어요. 이촌역에서 내려서 2번 출구로 나가세요.

A : 감사합니다.

제3과 운동 *p.54*

❶

마이클 : 정아 씨는 겨울에 무슨 운동을 해요?

정　아 : 저는 스키를 타요.

마이클 : 그럼 스키장에 자주 가요?

정　아 : 토요일마다 가요. 마이클 씨도 스키를 좋아해요?

마이클 : 네, 저도 정아 씨처럼 좋아하지만 바빠서 자주 갈 수 없어요.

정　아 : 다음 주말에도 스키를 타러 가는데 같이 갈까요?

마이클 : 네, 좋아요.

❷

남자 : 배구장에 자주 오세요?

여자 : 아니요. 제 친구는 자주 오지만 저는 오늘 처음 왔어요. 어제 하루 종일 공부해서 오늘은 기숙사에
　　　　있고 싶지 않았어요. 그래서 친구를 따라왔어요.

남자 : 그 친구는 여기에 얼마나 자주 와요?

여자 : 일주일에 한 번쯤 와요.

❸

제 친구 홍메이 씨는 탁구를 잘 칩니다. 홍메이 씨는 매일 점심을 먹고 현수 씨와 탁구를 칩니다. 탁구장에는
항상 사람이 많습니다. 어제도 사람이 너무 많아서 탁구를 칠 수 없었습니다. 그래서 테니스를 쳤습니다. 운
동장에서 테니스를 쳐서 땀이 많이 났습니다. 우리는 음료수를 마시고 아이스크림을 먹었습니다. 팔도 아프
고 다리도 아팠지만 기분은 아주 상쾌했습니다. 홍메이 씨는 테니스도 자주 치려고 합니다.

제4과 취미 *p.73*

❶

남자 : 나영 씨 취미는 뭐예요?

나영 : 영화 감상이에요. 보통 일주일에 영화를 두세 편 정도 봐요.

남자 : 저도 영화를 좋아해요. 극장에는 못 가지만 집에서 컴퓨터로 자주 봐요.

나영 : 주로 무슨 영화를 봐요? 저는 한국 영화를 좋아해요.

남자 : 저도 한국 영화를 좋아하지만 가끔 외국 영화도 봐요. 우리 나중에 같이 영화 볼래요?

나영 : 좋아요. 요즘 〈왕의 남자〉를 상영해요. 같이 가요.

❷

제 취미는 인형 수집이에요. 여행을 가거나 백화점에 가서 인형이 마음에 들면 꼭 사요. 친구들도 해외여행을 가면 저에게 인형을 선물해요. 중국 인형, 인도 인형, 일본 인형 등이 제 책상 위에 가득 있어요. 인형이 너무 많아서 책상 위에 다 놓을 수가 없어요.

그래서 어제는 친구에게 인형 하나를 선물했어요. 친구도 저처럼 인형을 좋아해요. 친구가 인형을 받고 좋아해서 저도 기분이 좋았어요. 앞으로는 친구들에게 인형 선물을 많이 하려고 해요.

❸

카잉 : 정아 씨, 이번 주말에 뭐 해요?

정아 : 저는 이번 주말에 그림을 그리러 공원에 가요.

카잉 : 그림을 좋아해요?

정아 : 네, 좋아해요. 그래서 주말에는 그림을 그리러 밖으로 나가거나, 그림을 보러 전시회에 가요.

카잉 : 그림 전시회에는 언제 가요? 저도 같이 가 보고 싶어요.

정아 : 다음 주말에 갈 거예요. 인사동에서 유명 화가의 전시회가 있어요. 그 화가의 꽃 그림을 좋아해서 꼭 가 보려고 해요. 카잉 씨도 같이 가요.

카잉 : 네, 고마워요. 저도 한국 화가의 그림을 보고 싶었어요.

제5과 여행 *p.92*

❶

여러분은 언제 여행을 떠나고 싶어요?

저는 일이 끝나서 쉬고 싶으면 여행을 떠납니다.

상쾌한 공기를 마시고 싶으면 여행을 떠납니다.

좋은 친구와 오래 이야기하고 싶으면 여행을 떠납니다.

맑은 하늘, 아름다운 산과 바다를 보고 싶으면 여행을 떠납니다.

어디가 좋을까요?

강원도 설악산과 동해바다가 어때요?

여러분도 한번 여행을 떠나보세요.

❷

나나 : 상민 씨, 이번 방학에 여행을 하려고 하는데 어디가 좋아요?

상민 : 나나 씨는 경주에 가 봤어요? 경주는 옛날 신라의 수도였어요.

나나 : 경주요? 들어 봤어요. 그런데 어디에 가 봐야 해요?

상민 : 불국사에 꼭 가 보세요. 여기 불국사 사진을 보세요. 작년에 가서 찍었어요.

나나 : 탑이 아름답군요. 외국인 관광객도 아주 많네요.

상민 : 네, 경주는 특히 외국인 관광객이 많은 도시예요.

❸

(따르릉~~~~)

여행사 직원 : 여보세요? 즐거운 여행, 순천향여행사입니다.

손   님 : 저~ 항공권과 호텔을 예약하고 싶은데요.

여행사 직원 : 언제, 어디로 가십니까?

손   님 : 다음 주 목요일, 10월 21일에 제주도로 가려고 해요.

여행사 직원 : 다음 주 목요일에 아침 비행기 표가 있습니다.

　　　　　　　아침 6시 비행기인데 괜찮으시겠습니까?

손   님 : 네, 좋아요. 그런데 아침에는 비행기 요금이 할인이 돼요?

여행사 직원 : 아침 비행기는 조금 쌉니다. 예약해 드릴까요?

손   님 : 네, 네 명 예약해 주세요. 호텔은요?

여행사 직원 : 요즘은 관광객이 많은 계절이라서 공항 근처는 할인이 어렵습니다.

　　　　　　　어디로 예약해 드릴까요?

손   님 : 공항 근처로 해 주세요.

여행사 직원 : 네, 알겠습니다. 네 분의 성함과 여권 번호를 말씀해 주세요.

제6과 친구 *p.116*

❶

여자 : 아까 같이 커피를 마신 사람이 누구예요?

남자 : 일본에서 온 아사코 씨예요.

여자 : 여행을 좋아하는 친구지요?

남자 : 네, 맞아요. 여행을 좋아하는 친구가 바로 그 친구예요.

여자 : 저도 여행을 좋아해요. 나중에 소개해 줄래요?

남자 : 좋아요. 두 사람은 좋은 친구가 될 거예요.

❷

정　아 : 아사코 씨, 이 파란 모자 어때요?

아사코 : 멋있지만 조금 크네요. 저 노란 모자는 어때요?

정　아 : 저기 까만 모자 옆에 있는 거요?

아사코 : 네, 그거 한 번 써 보세요. 노란 색깔이 예쁘지 않아요?

정　아 : 네, 괜찮아요. 자, 어때요? 어울려요?

아사코 : 네, 정아 씨 피부가 하얘서 잘 어울려요. 노란 모자를 사세요.

❸

A : 수업이 끝난 후에 뭐 해요?

B : 보통 점심을 먹고 도서관에 가서 숙제해요.

A : 숙제를 한 후에는 뭐 해요?

B : 요즘은 컴퓨터 학원에 다니고 있어요.

A : 뭘 하려고 컴퓨터 학원에 다녀요?

B : 컴퓨터를 배운 후에 사진도 예쁘게 만들고, 디자인도 하려고 해요.

제7과 병원 *p.135*

❶

선생님 : 솔롱고 씨, 어디 아파요? 얼굴이 안 좋아요.

솔롱고 : 어젯밤에 샤워를 한 후부터 열이 났어요. 지금도 머리가 아파요.

선생님 : 열이 높네요. 약은 먹었어요?

솔롱고 : 네, 수업 시작하기 전에 약을 먹었는데 열이 내리지 않아요.

선생님 : 병원에 다녀왔어요?

솔롱고 : 아니요, 아직 못 갔어요.

나　나 : 선생님! 수업이 끝난 후에 제가 병원에 같이 갈게요.

선생님 : 아, 그래요? 그럼 나나 씨가 같이 가 주세요. 부탁해요.

❷

여자 : 어디가 아프세요?

남자 : 열이 나고 두통이 있어요.

여자 : 콧물이 나거나 기침을 하세요?

남자 : 기침은 안 하는데 콧물은 좀 나요.

여자 : 요즘 유행하는 감기예요. 목은 어떠세요?

남자 : 목도 조금 아파요.

여자 : 우선 사흘 동안 먹을 약을 처방해 드릴게요.

남자 : 주사는 안 맞아도 돼요?

여자 : 주사도 맞아야 돼요. 약을 먹은 후에도 안 나으면 다시 오세요.

❸

민수 : 아야!

나나 : 왜 그래요? 민수 씨 손에서 피가 나요.

민수 : 가위로 종이를 자르고 있었는데 실수로… 아…

나나 : 많이 아프겠어요. 잠깐만요. 약상자를 가져올게요.

민수 : 괜찮아요. 많이 다친 것도 아닌데…

나나 : 아니에요. 작은 상처도 치료를 잘 해야 해요.

　　　 우선 약을 바른 후에 밴드를 붙이면 괜찮을 거예요. 다 됐어요.

민수 : 고마워요.

제8과 생활 *p.154*

❶

여자 : 어서 오세요. 무엇을 도와드릴까요?

남자 : 책을 한 권 보내고 싶은데요.

여자 : 포장은 하셨어요?

남자 : 네, 봉투에 넣었어요.

여자 : 그럼 봉투를 저울 위에 올려 주시겠어요?

남자 : 네, 그런데 언제 도착해요? 좀 급한데요.

여자 : 특급으로 보내면 내일 도착해요. 우편번호는 쓰셨지요?

남자 : 네, 썼어요. 요금은 얼마예요?

여자 : 4천 원이에요.

❷

마이클 씨는 어제 인터넷으로 휴대폰을 샀습니다. 그 휴대폰에는 사전이 있어서 공부할 때 자주 사용합니다. 그리고 요즘은 휴대폰으로 음악도 듣고 드라마도 보고 게임도 하고 기차나 고속버스 표도 예매할 수 있어서 아주 편리합니다.

이렇게 다양한 기능이 있기 때문에 휴대폰은 값이 비쌉니다. 하지만 인터넷으로 사면 가게에서 사는 것보다 쌉니다. 직접 가지 않고 물건을 살 수 있기 때문에 시간을 아낄 수 있습니다.

그래서 마이클 씨는 요즘 주로 인터넷으로 물건을 삽니다.

❸

동동 씨는 돈을 찾은 지 오래 되어서 오늘 은행에 갔습니다. 며칠 전에 부모님께서 돈을 보내 주셨기 때문입니다. 그러나 사람이 많아서 현금지급기로 돈을 찾았습니다. 돈을 찾고 싶으면 현금지급기를 이용하면 됩니다. 정아 씨는 오늘 저금하러 은행에 갔습니다. 저금도 현금지급기로 할 수 있습니다. 그동안 찾거나 저금한 돈도 확인할 수 있습니다. 현금지급기를 이용할 때 카드만 있으면 됩니다. 통장으로도 할 수 있지만 불편하기 때문에 정아 씨는 카드를 사용합니다. 요즘은 현금지급기가 있어서 참 편리합니다.

제9과 연락 *p.173*

❶

솔롱고 : 정아 씨, 오늘 저녁에 바빠요?

정　아 : 아니요. 바쁘지 않아요. 왜요? 솔롱고 씨, 무슨 일 있어요?

솔롱고 : 어제 부모님께 소포를 받았어요. 몽골 과자를 보내 주셨는데 친구들하고 같이 먹으려고요.
　　　　 몽골 과자를 먹은 적이 있어요?

정　아 : 아니요. 아직 못 먹어 봤어요.

솔롱고 : 그럼 저녁에 우리 방에 오세요. 다른 친구들도 좋아할 것 같아서 같이 먹으려고 해요.

정　아 : 초대해 줘서 고마워요. 이따가 갈게요.

❷

나나 : 제인 씨, 편지 왔어요. 1층 편지함에서 가져왔어요.

제인 : 고마워요. 미국에 계시는 부모님한테서 왔을 거예요.

나나 : 네, 정말 미국에서 왔네요.

제인 : 우리 부모님께서는 이메일보다 손으로 쓰는 것을 더 좋아하세요.

나나 : 네, 아직 그런 분이 많이 있는 것 같아요.

제인 : 편지는 부모님 사랑을 더 많이 느낄 수 있어서 좋아요.

나나 : 우리 부모님께서는 이메일을 보내시거나 제 SNS에 들어와서 댓글을 쓰세요.

제인 : 우리 부모님께서는 컴퓨터를 잘 못하세요.
　　　　나나 씨 부모님은 멋있으시네요.

나나 : 제인 씨 부모님께서 더 멋있으신 것 같아요.

제인 : 그래요? 고마워요.

❸

주민 여러분 안녕하십니까?

서울아파트 관리사무실에서 주민 여러분께 알려 드립니다. 매주 토요일 이동도서관 버스가 우리 아파트에 옵니다. 10시에서 12시까지 관리사무실 앞에 있을 예정입니다. 동화, 소설, 수필, 외국어 학습 교재 등 여러 가지 책이 있는데 2주일 동안 빌릴 수 있습니다. 책을 빌리고 싶은 분은 신분증을 가지고 가면 됩니다. 주민 여러분, 많이 이용하시기 바랍니다. 감사합니다.

제10과 요리 *p.194*

❶

동　동 : 마이클 씨, 저녁 먹었어요?

마이클 : 아니요. 아직 안 먹었어요. 동동 씨는요?

동　동 : 저도 아직 안 먹었어요. 배고프지 않아요? 지금 친구들과 저녁 먹으러 나갈까 하는데 같이
　　　　갈래요? 중국 친구들이랑 가기로 했어요.

마이클 : 그럼 저는 중국어를 못하니까 가지 않는 게 좋겠어요.

동　동 : 아니에요. 우리도 한국어로 이야기할 거예요. 마이클 씨도 같이 갔으면 좋겠어요.

마이클 : 중국 친구들이 불편해 할까 봐 가지 않으려고 했는데, 그럼 같이 갈까요?

동　동 : 네, 제 친구들도 마이클 씨가 같이 가면 좋아할 거예요.

마이클 : 고마워요.

❷

시청자 여러분!

그동안 안녕하셨습니까?

〈요리는 즐거워요〉 시간이 돌아왔습니다.

오늘은 잡채를 만들어 보겠습니다.

먼저 재료를 같이 볼까요?

당면, 소고기, 버섯, 시금치, 당근, 양파를 준비하세요. 그리고 식용유, 간장, 참기름, 설탕도 준비해 주세요.

자, 이제 맛있게 만들어 봅시다.

먼저, 소고기는 길게 썰어서 볶습니다.

시금치는 끓는 물에 데쳐서 무칩니다.

버섯은 먹기 좋게 썰어서 볶습니다.

당근과 양파는 가늘게 썰어서 볶습니다.

당면은 끓는 물에 삶아서 찬 물에 헹굽니다.

마지막으로 모든 재료를 큰 그릇에 넣고 참기름, 간장, 설탕을 넣고 섞어 주세요.

이제 맛있는 잡채가 다 되었습니다. 맛있겠지요? 오늘 저녁에는 가족들과 함께 잡채를 즐겨 보세요.

그럼 〈요리는 즐거워요〉는 다음주 목요일 이 시간에 다시 뵙겠습니다. 안녕히 계세요.

제1과 날씨 Lesson 1 Weather 第一课 天气

❶ N + 은/는요?

표현. 서술어를 생략하고 의문을 표현한다. '요'는 청자를 존대하는 뜻을 나타낸다.

This expression is used as the interrogative without a predicate. '요' is an honorific term.

句型 省略谓语的疑问句型, '요' 用于表示对听者的尊重。

❷ A/V + -아/어/여서 (이유 Reason 理由)

어미. 앞선 행위나 상태가 원인이나 이유임을 나타낸다.

This ending is used to show that the adjective or the verb is the reason or the cause.

语尾 用于表示前句发生行为或状态的原因及其理由。

뒤에 명령문, 청유문이 올 수 없다.

This ending cannot be followed by imperatives or suggestions.

后句不可跟命令句、祈使句。

예) 눈이 와서 겨울이 좋아요. (O)

　　눈이 와서 겨울을 좋아하세요. (X)

　　눈이 와서 겨울을 좋아합시다. (X)

❸ V + -(으)려고 하다

표현. 어떤 행위를 할 의도나 목적이 있음을 나타낸다.

This expression is used to show the intention or purpose denoted by the verb.

句型 用于表示行为的意图或目的。

❹ N + (이)나 (선택 choice 选择)

조사. 나열이나 선택의 뜻을 나타낸다.

This postpositional particle is used to show enumeration or choice.

助词 用于表示前后并列或选择关系。

❺ A + -게 + V

어미. 앞의 내용이 뒤에서 가리키는 사태의 방식, 정도 따위가 됨을 나타낸다. 뒤에 '는, 도, 만' 등의 보조사가 올 수 있다.

This ending describes the way in or the degree to which what follows is. This ending can be followed by complementary particles such as '는,' '도,' or '만'.

语尾 前句内容表示后句所指事件的方式或程度，可连接'는，도，만'等辅助助词。

❻ V + -(으)ㅂ시다

어미. 행동 제안이나, 요청에 대한 승낙을 나타낸다.

This ending is used to show a suggestion or an acceptance of a request.

语尾 用于表示建议或答应某种请求。

＊행위를 할 것을 요구하는 표현이므로 윗사람에게는 쓸 수 없다.

＊As this ending denotes an outright demand for an action, it can be considered impolite when addressing a senior.

＊此句型用于表示要求进行某种行为，因此不可用于长辈。

❼ N + 의 + N

조사. 명사와 명사를 연결하여 앞 명사가 뒤 명사를 수식하게 한다.

The postpositional particle connects two nouns, the former of which modifies the latter.

助词 用于连接前后名词，其中前名词用于修饰后名词。

'나의', '저의', '너의'는 줄여서 '내', '제', '네'로도 쓰인다. 발음은 [에]로도 할 수 있다.

The abbreviations of "나의", "저의", "너의" are "내", "제", "네" respectively. "의" can be pronounced as [에].

'나의', '저의', '너의'可缩写为'내', '제', '네', 读音可为[에]。

❽ A/V + −겠− (미래 future 将来)

어미. 곧 어떠한 일이 확실하게 일어날 것임을 나타낸다.

This ending denotes a certainty of something happening.

语尾 用于表示某事情必将发生。

❾ 경음화 Fortis Phenomenon 紧音化现象

무성음 'ㅂ, ㄷ, ㅈ, ㅅ, ㄱ'이 무성음 'ㅂ, ㄷ, ㄱ'과 어미 '−(으)ㄹ' 뒤에서 경음[ㅃ, ㄸ, ㅉ, ㅆ, ㄲ]으로 바뀐다.

Unvoiced consonants, 'ㅂ, ㄷ, ㅈ, ㅅ, and ㄱ,' when preceded by unvoiced consonants, 'ㅂ, ㄷ, ㄱ' or the ending, '−(으)ㄹ,' turn into fortis 'ㅃ, ㄸ, ㅉ, ㅆ and ㄲ.'

无声辅音 'ㅂ, ㄷ, ㅈ, ㅅ, ㄱ' 在无声辅音 'ㅂ, ㄷ, ㄱ' 或语尾 '−(으)ㄹ' 后时，发音应该变为[ㅃ, ㄸ, ㅉ, ㅆ, ㄲ]。

ㅂ ㄷ ㄱ −(으)ㄹ	+	ㅂ → ㅃ ㄷ → ㄸ ㅈ → ㅉ ㅅ → ㅆ ㄱ → ㄲ

예) 국밥[국빱], 식당[식땅], 춥지요[춥찌요], 앞산[압싼], 먹고[먹꼬], 즐겁게[즐겁께], 갈 거예요[갈꺼예요]

제2과 교통 Lesson 2 Traffic 第二课 交通

❶ A/V + −아/어/여야 하다/되다

표현. 어떤 상황에서 필요하거나 의무적인 행위, 혹은 꼭 필요한 상태나 조건임을 나타낸다.

This expression is used to denote a necessity or obligatory action or required condition or state under certain circumstances.

句型 用于表示某状态下所需要的或义务性的行为，或所需要的状态及条件。

원래 '하다'는 능동, '되다'는 피동의 의미를 나타내나, 실제로는 구분이 안 되어 말할 때는 '되다'를 많이 사용하고 글에서는 '하다'를 많이 사용한다.

Originally '하다' denotes active meaning and '되다' denotes passive meaning. In actual use, however, '되다' is used more often in spoken Korean and '하다' is used more often in written Korean.

"하다"原本用于表示主动行为，"되다"用于表示被动行为，但如今在实际表达过程中，多数韩国人已经开始混用，书面语中多用"하다"。

❷ N＋(으)로 (방향 Direction 方向) (도구 Tool 工具)

1) 조사. 움직임의 방향을 표시한다.

2) 조사. 어떤 행위의 도구나 수단, 방법임을 나타낸다.

1) This postpositional particle denotes a direction of movement.

2) This postpositional particle is also used to denote the ways in which a certain act is conducted, including a tool or a means.

1) 助词 用于表示活动的方向。

2) 助词 用于表示行为的工具、方式、方法。

수송의 의미를 나타낼 때는 명사 대신 '-아/어서'를 사용해서 표현한다.

The endings, '-아/어서' can follow a verb to denote a mode of transportation.

表示移动方式时，主要使用 '-아/어서' 句型表达。

　예) 친구는 자동차로 왔어요.

　　　친구는 걸어서 / 뛰어서 / 달려서 / 운전해서 / 수영해서 왔어요.

❸ A/V＋-아/어/여서 (순서 Order 顺序)

어미. 행위를 시간 순서에 따라 연결한다. 선행절과 후행절이 밀접한 관련이 있고, 선행절이 일어나지 않으면 후행절이 일어날 수 없다.

This ending denotes occurrences of consecutive events. There is a close relationship between the preceding and following clauses. The following clause presupposes an event that is mentioned in the preceding clause.

语尾 用于表示行为所发生时间的先后。前后两句关系较为密切，若前句行为未能发生，则后句行为不可发生。

＊ 뒤에 명령문, 청유문, 의문문이 올 수 있다.

The following clause can be commanding, inquisitive or suggestions.

后句可跟命令句、祈使句、疑问句。

　　　예) 과일을 씻어서 드세요. (O)

　　　　　밖에 나가서 전화를 합시다. (O)

＊ 앞 문장과 뒤 문장의 주어가 같아야 한다.

The preceding and following clauses should share the same subject.

前后两句主语必须一致。

　　　예) 나는 어제 친구를 만나서 (나는) 쇼핑을 했어요. (O)

　　　　　나는 어제 친구를 만나서 친구는 영화를 봤어요. (X)

＊ 시제와 함께 쓸 수 없다.

The ending is invariable regardless of tense of the clause.

不可与时态词同时使用。

　　　예) 어제 도서관에 <u>갔어서</u> 공부를 했어요. (X)

　　　　　어제 도서관에 <u>가서</u> 공부를 했어요. (O)

　　　　　내일 도서관에 <u>가서</u> 공부를 할 거예요. (O)

---

❹ A/V + -(으)ㄴ/는데, N + (이)ㄴ데 (제시 Presentation of background 说明)

어미. 말하고자 하는 내용과 관련되는 상황을 제시할 때, 제안 · 명령을 하거나 묻기에 앞서 그 배경이나 상황을 제시할 때 쓴다.

This ending is used to present background or circumstances against which to make a suggestion or a command or ask a question.

语尾 表达与话者话题相关内容时, 用于说明相关意见、命令; 或在提问前, 用于说明相关背景或状态。

---

❺ N + 에서 / 부터 N + 까지

조사. 행위나 상태의 출발점 · 시작점 및 끝을 나타낸다.

These postpositional particles denote both start and end of a certain act or a state.

助词 用于表示行为或状态的开始、出发及终止。

'부터'는 시작을 나타내고, '에서'는 출발을 나타낸다. 많은 경우 서로 바꾸어 쓸 수 있는데, '에서'는 '(에)서부터'로도 바꾸어 쓸 수 있다.

'부터' denotes a point in time when something begins whereas '에서' denotes a point of departure. Both particles are interchangeable in many cases. '에서' can be replaced by '(에)서부터.'

"부터" 表示 "开始", "에서" 表示 "出发", 多数场合二者可替换使用。"에서" "还可用为" "(에) 서부터"。

❻ A/V + -(으)니까

어미. 이유나 근거, 전제를 나타낸다.

This ending denotes the reason, grounds or precondition.

语尾 用于表示原因、根据、前提。

※ 명령문이나 청유문에 쓸 수 있다.

This ending can be used in an imperative or suggestion sentence.

可用于命令句或祈使句。

　예) 가까우니까 택시로 갑시다.

※ 시제와 함께 쓸 수 있다.

This ending is subject to conjugation depending on the tense.

可与时态词共同使用。

　예) 이 영화는 어제 봤으니까 다른 영화를 봅시다.

※ '반갑다, 고맙다, 감사하다, 미안하다'와는 쓸 수 없다.

This ending cannot be followed by the phrases, '반갑다, 고맙다, 감사하다, or 미안하다.'

不可与 "반갑다, 고맙다, 감사하다, 미안하다" 等词共同使用。

　예) 만나니까 반갑습니다. (X)

---

❼ N + 한테 / 께

조사. 사람이나 동물을 나타내는 명사 뒤에 붙으며, 그 명사가 동작의 상대가 됨을 나타낸다. '에게'와 뜻이 같으나 주로 구어에 쓰인다. '께'는 존대형이다.

This postpositional particle is affixed to a noun denoting a man or an animal. The noun is the indirect object of the verb that follows. The particle is similar to '에게' in meaning but usually used in spoken Korean. '께' is an honorific form of '에게' and '한테.'

助词 用于人物名词之后，表示其动作的对象，"께"是 '에게' 与 '한테' 的尊敬形态。

❽ V + −지 말다

표현. 듣는 사람에게 어떤 행위를 하지 못하게 함을 나타낸다. 어미 '−지' + 동사 '말다'

This expression is used to denote the speaker's wish to stop a hearer from doing something. The ending '−지' + the verb, '말다'

句型 用于表示禁止听者做某事。语尾 '−지' + 动词 '말다'

명령문이나 청유문에만 쓰인다.

This expression is used as a suggestion or an imperative sentence.

仅限用于命令句或祈使句。

예) 울지 말았어요. (X)

　　울지 마세요. (O)

제3과 운동 Lesson 3 Exercise 第三课 运动

❶ N + 마다

조사. '하나하나 빠짐없이 모두'를 나타낸다.

This postpositional particle denotes the idea of 'each' or 'every.'

助词 用于表示 "个个、每个" 等意。

예) 날마다(매일)/ 일주일마다(매주) /달마다(매월/매달) /해마다(매년)

　　※ 집집마다

❷ N + 처럼

조사. 비유나 비교의 대상을 표현한다. 어떤 모양이나 행동을 앞의 명사에 빗대어 그와 비슷한 정도이거나 동일함을 나타낸다.

This postpositional particle denotes comparison or analogy. This particle is used to show similarities or likeness between various shapes or acts.

助词 用于表示比喻或比较的对象。表示与前方名词的外观或行动相仿。

> * '처럼'은 '같이'와 바꿔 쓸 수 있다.
>   '처럼' can be interchangeable with '같이.'
>   '처럼'可替换为'같이'。
>   예) 얼굴이 사과같이 예뻐요.
>   동생도 언니같이 키가 커요.
>
> * '같이'는 '와/과 같이'의 형태로 쓸 수 있다.
>   '같이' can be replaced by '와/과 같이.'
>   '같이'可表达为'와/과 같이'。
>   예) 얼굴이 사과와 같이 예뻐요. (O)
>   얼굴이 사과와 처럼 예뻐요. (X)

❸ V + -(으)러 가다/오다

표현. '-러'는 이동의 목적을 나타내는 어미이다. 이동하는 동작에 앞서 이동하는 목적을 나타낸다.

This expression is used to show the purpose of movement.

句型 '-러' 是表示移动目的的语尾。此句型常用于移动动作之前，用于表示移动的目的。

❹ V + -고 있다

표현. 어떤 동작이 진행 중이거나 진행이 끝난 결과가 계속되고 있는 상태를 나타낸다.

This expression denotes an act in progress or the continuous state of a result after the fact.

句型 用于表示某动作正在进行或者动作结束后的结果仍在延续。

❺ V + -(으)ㄹ 수 있다/없다

표현. 어떤 일이 가능함과 불가능함을 나타낸다.

This expression denotes a possibility or an impossibility.

句型 用于表示某事情的可行性或不可行性。

❻ N + 만

조사. 다른 것을 배제하고 어느 것을 한정함을 나타낸다.

This postpositional particle denotes choice of one to the exclusion of others.

助词 用于表示仅局限于某物。

* '만'은 다음과 같이 다른 조사와 함께 쓸 수 있다.

  The postpositional particle '만' can be coupled with other particles.

  '만'可与如下助词共同使用。

* 만이/ 만은/ 만을

  예) 외국어는 한국어<u>만을</u> 배웠어요

* 에서만/ 에게만/ 까지만

  예) 저는 학교<u>에서만</u> 공부해요. 기숙사에서는 공부하지 않아요.

❼ 'ㅅ' 불규칙 Irregular conjugation with 'ㅅ' 'ㅅ' 不規則

어간 끝소리 'ㅅ'이 모음 앞에서 탈락하는 활용.

For stems that end in "ㅅ", "ㅅ" is deleted in front of a vowel.

词根收音 'ㅅ' 遇见元音将会脱落。

❽ N + 때, A/V + -(으)ㄹ 때

기간을 표현한다. 명사에는 '때'를 사용한다. 동사나 형용사에는 '-(으)ㄹ 때'를 사용한다.

This denotes a point in time. After noun, '때' is used. After verb or adjective, '-(으)ㄹ 때' is used.

表示 "期间"。名词后使用 '때', 动词或形容词后使用 '-(으)ㄹ 때'。

❾ 구개음화 Palatalization 口盖音化

끝소리 'ㄷ, ㅌ'이 모음 'ㅣ'를 만나면 [ㅈ, ㅊ]으로 발음된다.

For stems that end in 'ㄷ' or 'ㅌ,' 'ㄷ' and 'ㅌ' are pronounced as 'ㅈ' and 'ㅊ' when followed by the vowel 'ㅣ.'

尾音 'ㄷ, ㅌ' 遇见元音 'ㅣ' 时, 发音则变为[ㅈ, ㅊ]。

ㄷ, ㅌ + ㅣ → ㅈ, ㅊ

예) 해돋이[해도지], 같이[가치]

제4과 취미 Lesson 4 Hobbies 第四课 爱好

❶ A/V + -(으)면

어미. 조건이나 가정의 뜻을 나타낸다.

This ending denotes a condition or supposition.

语尾 用于表示条件关系或假设关系。

❷ A/V + -거나

어미. 둘 이상의 경우 중에 하나를 선택함을 의미한다.

This ending denotes a choice between two or more.

语尾 用于表示两个动作二选其一。

❸ 못 + V
V + -지 못하다

부사. 동사가 나타내는 동작을 할 수 없다거나 상태가 이루어지지 않았다는 부정의 뜻을 표현한다.

This adverb denotes an inability or incompleteness.

副词 用于表示动作无法进行或状态无法实现。

> ＊ '～하다' 동사의 부정형은 다음과 같다.
>   The negative form of '～하다' is as follows.
>
> ＊ '～하다' 动词用法如下 :
>   예) 못 + 운전하다 → 운전 못해요 (O) / 못 운전해요 (X)
>   못 + 공부하다 → 공부 못해요 (O) / 못 공부해요 (X)

V + -지 못하다

표현. 능력이 없거나 의지대로 되지 않음을 표현한다.

This expression denotes an inability or a situation contrary to one's desire.

句型 用于表示动作无法实现或无法按照意愿实现。

> 명령문과 청유문에는 쓰이지 못한다.
> This expression cannot be used in imperative sentences and suggestions.
> 此句型不可用于命令句或祈使句之后。

❹ V + −(으)ㄹ래요?
　　 −(으)ㄹ래요

어미. 어떤 일을 할 의향이나 의지를 나타낸다.

This ending denotes a willingness or a will to do something.

语尾 用于表示动作的意向或意愿。

❺ 'ㄷ' 불규칙 Irregulation Conjugation with 'ㄷ' 'ㄷ'不规则

동사 어간의 끝소리 'ㄷ'이 모음 앞에서 'ㄹ'로 바뀌는 음운 현상.

For the verb stems that end in 'ㄷ,' 'ㄷ' is changed into 'ㄹ' in front of a vowel.

动词词根收音 "ㄷ" 遇见元音，变形为 "ㄹ"。

❻ V + −(으)려고

어미. 행위를 할 의도나 목적이 있음을 나타낸다.

This ending denotes a purpose or a willingness to do something.

语尾 表示行为的意图或目的。

※ '−(으)러'와의 차이

Difference between '−(으)려고' and '−(으)러'

与'−(으)러'用法的区别

1) '−(으)려고'는 일반적인 동사의 의도나 목적을 나타내지만, '−(으)러'는 주로 이동에 관한 동사의 목적을 나타낸다.

The ending, '−(으)려고', usually denotes a willingness to do something or a purpose while '−(으)러' denotes a purpose of movement.

'−(으)러고'表示一般动词的意图或目的，但是'−(으)러'却主要表示移动相关动词的目的。

예) 공부하려고 책을 샀어요. (O) / 공부하러 책을 샀어요. (X)
　　공부하려고 도서관에 갔어요. (O) / 공부하러 도서관에 갔어요. (O)

2) '−(으)려고'는 명령, 권유 문장에 쓰일 수 없지만, '−(으)러'는 그런 제약이 없다.

While the ending, '−(으)려고' cannot be used in an imperative or suggestion sentence, '−(으)러' can.

'−(으)려고'无法与命令、祈使句共同使用，但是'−(으)러'却不受此限制。

예) 공부하려고 갑시다. (X) / 공부하려고 책을 삽시다. (X)
　　공부하러 갑시다. (O)

❼ 격음화 Aspiration 送气音化

평음 'ㅂ, ㄷ, ㅈ, ㄱ'이 'ㅎ' 앞 뒤에서 격음화하여 격음[ㅍ, ㅌ, ㅊ, ㅋ]으로 발음된다.

Lax consonants, 'ㅂ, ㄷ, ㅈ, and ㄱ' turn into 'ㅍ, ㅌ, ㅊ, and ㅋ' when followed by 'ㅎ.'

无声辅音 'ㅂ, ㄷ, ㅈ, ㄱ' 遇见 'ㅎ' 时，发音变为[ㅍ, ㅌ, ㅊ, ㅋ]。

ㅂ ㄷ ㅈ ㄱ	+ ㅎ	→ ㅍ → ㅌ → ㅊ → ㅋ

예) 연습하다[연스파다], 못하다[몯하다→ 모타다], 놓지[노치], 특히[트키], 음악회[으마쾨]

제5과 여행 Lesson 5 Travelling 第五课 旅游

❶ V+-아/어/여 보다

표현. 어떤 행위를 한 번 시도하거나 경험함을 나타낸다.

This expression denotes a trial or an experience of a certain act.

句型 用于表示试探性进行某动作或过去的经历。

❷ A+-(으)ㄴ

어미. 명사를 수식하며 현재 상태를 나타낸다.

This ending denotes the current state represented by the noun modified by the ending.

语尾 用于修饰名词，表示名词此刻的状态。

❸ N+(으)로 (이유 Reason 理由)

조사. 일의 원인이나 이유를 나타낸다.

This postpositional particle denotes a cause or a reason.

助词 用于表示事情的原因或理由。

④ N+에 관하여/관해(서)/대하여/대해(서)

표현. 뒤 내용의 대상으로 함을 나타내는 표현. 'N에 관해'로 줄여 쓸 수 있다.

This expression shows that the noun(N) is the topic of the following clause. It can be abbreviated to 'N 에 관해'.

句型 相当于汉语的"关于，对于"，可缩写为 "N에 관해"。

> ※ '에 관하여'는 '에 대하여'로 바꾸어 쓸 수 있다.
> '에 관하여' can be replaced by '에 대하여.'
> '에 관하여' 可替换为 '에 대하여'.
>
> 예) 제주도에 대하여 관심이 많아요.

⑤ V+-(으)ㄹ게요

표현. 의지나 약속의 뜻을 나타낸다.

This expression denotes a will or a promise.

句型 用于表示说话人的意愿或承诺。

⑥ A+-군요, V+-는군요, A/V+-았/었/였군요

어미. 이미 존재하는 사실을 새롭게 확인하고 인식하거나, 새로이 알게 된 사건에 대한 감탄을 나타낸다. 주로 말하는 순간 어떤 상황을 보거나 들을 때 많이 쓴다.

This ending is used to confirm or recognize a fact, or express surprise or appreciation upon finding it. It is usually used when one hears about or sees a circumstance at the time of speech.

语尾 用于再次确认已存在的事实，或对最新得知事实的感叹。常用于表达说话的瞬间，看见或听见了某种情况。

⑦ N+ 같다

형용사. 비유나 화자의 가정적 판단을 나타낸다.

This adjective is used to make an analogy or to show the speaker's subjective judgment.

形容词 用于表示比喻或说话人的假设性判断。

❽ N+(이)라(서)/(이)어서

어미. 이유나 근거를 나타낸다.

This ending denotes a reason or grounds.

语尾 用于表示原因或根据。

> '서'를 생략하고 쓸 수 있다.
>
> '서' can be omitted.
>
> 可省略 "서"。
>
> 예) 한국 사람이라 한국어를 잘해요.

제6과 친구 Lesson 6 Friends 第六课 朋友

❶ V+-(으)ㄴ+N

어미. 명사를 수식하게 하며 그 사건이나 행위가 과거에 일어났거나 행위가 완료되고 그 상태가 유지되고 있음을 의미한다.

This ending, which denotes an event or an act that took place or the effect of which is still in existence, is used to modify the following noun.

语尾 用于修饰名词，表示事件或行为发生于过去，或行为结束后，其状态的持续。

❷ V +-는+N

어미. 명사를 수식하게 하며 그 사건이나 행위가 현재 일어남을 의미한다.

This ending, which denotes an event or an act in progress, is used to modify the following noun.

语尾 用于修饰名词，表示事件或行为此刻正在进行。

❸ A/V +-겠- (추측 Conjecture 推测)

어미. 말하는 당시의 상황이나 상태를 보고 추측하여 말할 때 쓴다.

This ending denotes a conjecture about a circumstance or an event at the time of speech.

语尾 目睹说话时的状态或情况后，表示推测。

❹ 'ㅎ'불규칙 Irregular Conjugation with 'ㅎ' 'ㅎ'不規則

규칙. 모음 앞에서 'ㅎ'이 탈락. 모음 중에서 '–아/어'와 결합하면 'ㅎ'이 탈락하고 '이'가 첨가된다.

The rule is that 'ㅎ' is deleted in front of a vowel. When 'ㅎ' is combined with '–아/어', 'ㅎ' is deleted and '이' is added.

規則 元音前 "ㅎ" 将会脱落。若连接 "–아/어", "ㅎ" 脱落后，元音中添加 "이"。

1) 하얗 +아서 → 하야 +아 +이 +서 → 하얘서
2) 'ㅎ' 다음에 '–으니'가 오면 먼저 'ㅎ'이 탈락하고, 다음에 '으'가 탈락한다.
   'ㅎ' is deleted when 'ㅎ' is followed by '–으니' and '으' is deleted afterwards.
   'ㅎ' 后接 '–으니'，则 'ㅎ' 首先脱落，随后 '으' 再脱落。
   : 하얗 +으니 → 하야으니 → 하야니

규칙 Rule 规则 : 놓다, 넣다, 낳다, 쌓다, 좋다, 많다, 괜찮다, 싫다

'놓다'는 구어에서 다음과 같이 줄기도 한다.
'놓다' is contracted in spoken Korean as follows:
动词 '놓다' 口语中用法如下 :
놓아서 〉놔서, 놓아야 〉놔야, 놓아도 〉놔도, 놓았습니다 〉놨습니다.

❺ V+–(으)ㄴ 후에

표현. 어떤 행위를 하고 시간적으로 다른 행위를 함을 표현. '에'를 생략하고 '–(으)ㄴ 후' 형태로도 쓸 수 있다.

This expression is used to show that an act follows another. "에" can be dropped without changing the meaning.

句型 用于表示行为发生之后，可省略 '에' 变为 "–(으)ㄴ 후"。

❻ V+–기 전에

표현. 어떤 행위나 상태가 앞에 오는 사실보다 앞섬을 표현. '에'를 생략하고 '–기 전' 형태로도 쓸 수 있다.

This expression is used to show that an act precedes another. '에' can be omitted without changing the meaning.

句型 表示行为或状态发生之间，可省略 '에' 变为 "–기 전"。

제7과 병원 Lesson 7 Hospital 第七课 医院

❶ A + −(으)ㄴ데, V+−는데, N+(이)ㄴ데 (대조 Contrast 对比)

어미. '−지만'처럼 대조나 반대의 의미가 있으며, 두 문장을 연결할 때 사용한다.

This ending denotes contrast or opposite like '−지만' and is used to conjoin two sentences.

语尾 连接前后两句时使用，与 '−지만' 相似用于表示对比或相反关系。

＊ 과거에는 'A/V−았/었/였는데'와 'N이었/였는데'를 사용한다.

＊ '있다/없다'가 포함된 일부 형용사들은 '−는데'를 사용한다.

＊ The past forms of the endings are "A/V−았/었/였는데" and "N이었/였는데"

＊ Some adjectives ending in "있다/없다" are followed by '−는데.'

＊ 过去时态用为 'A/V−았/었/였는데'与 'N이었/였는데'。

＊ '있다/없다' 等部分形容词后应连接 '−는데'。

❷ A/V+−아/어/여도 되다

표현. 허락이나 허용을 나타낸다.

This expression denotes permission or approval.

句型 用于表示答应或许可。

❸ V+−(으)ㄹ + N

어미. 명사를 수식하고 미래, 추측, 예정, 의도를 나타낸다. 시제의 의미가 없이 단지 명사를 수식할 때도 쓴다.

This ending is used to modify the following noun, denoting future, conjecture, plan or intention. The ending is also used to only modify the following noun without reference to the tense.

语尾 用于修饰名词，表示未来、推测、预订或意图。没有任何时态，仅修饰名词时，也可使用。

❹ N+씩

접미사. 각각 같은 수로 나뉘거나 되풀이됨을 나타낸다.

This suffix is used to denote division, each group equal in number, or repetition, each time equal in number.

词缀 用于表示平均等分或重复。

236

❺ N+(이)나 (많음 Multitude 数量较多)

조사. 수량이 예상을 넘거나 꽤 많음을 표현.

This postpositional particle denotes the number or quantity beyond expectation or a sizable amount.

助词 用于表示其数量出乎预料或非常之多。

❻ A/V +-(으)면 안 되다

표현. 어떤 행위나 상태에 대해 금지하거나 제한함을 나타낸다.

This expression denotes prohibition or restriction with regard to a certain act or state.

句型 表示禁止或限制某个行动或状态。

※ '-아/어/여도 되다'에 대한 부정으로 쓴다.

This expression is a negative form of '-아/어/여도 되다.'

是 '-아/어/여도 되다' 句型的否定形式。

예) A : 이 옷 입어 봐도 돼요?

　　B : 아니요, 입어 보면 안 돼요.

❼ '르' 불규칙 Irregular Conjugation with '르' '르'不规则

어간의 끝 음절 '르'가 어미 '-아, -어' 앞에서 'ㄹㄹ'로 바뀌는 현상. 즉 '르'의 'ㅡ'가 생략되고 'ㄹ'이 삽입된다.

'르' used as the last syllable of a stem changes into 'ㄹㄹ' when followed by '-아, or -어.' In other words, 'ㅡ' of '르' is omitted and 'ㄹ' is added.

词根末尾音节 "르" 位于 "-아, -어" 之前时，将变形为 'ㄹㄹ'。即音节 '르'中元音 '一'脱落后，添加 'ㄹ'。

예) 부르다 : 부 + 르+('ㅡ' 탈락) + ㄹ+ㅓ → 불러

⑧ N+밖에

조사. 오직 그것뿐임을 표현. 뒤에는 반드시 부정 표현이 온다.

This postpositional particle denotes the one and only thing followed by a negative phrase.

助词 用于表示绝无仅有的存在，后句必须使用否定句型。

제8과 생활 Lesson 8 Living 第八课 生活

① V+-는데요, A+-(으)ㄴ데요, N+(이)ㄴ데요 (반응 기대 Expectation of a response 期待回应)

표현. 어떤 상황을 전달하면서 듣는 사람의 반응을 기대함을 나타낸다.

This expression denotes expectation of a response by the hearer to the statement.

句型 转达某状态时，用于表示对听话人回应的期待。

② A/V+-(으)면 되다

표현. 조건으로 어떤 행위를 하거나 어떤 상태만 갖추면 문제가 없거나 충분함을 나타낸다.

This expression denotes an act or a state that is required as a condition for something.

句型 用于表示只要具备某行为或某状态，则不存在任何问题。

③ V+-(으)ㄴ 지(시간)이/가 되다/지나다

표현. 어떤 일에 대한 시간의 경과를 나타낸다.

This expression denotes the passage of time after an event.

句型 用于表示某动作持续的时间。

'-(으)ㄴ 지' 뒤에는 시간 경과 표현만 올 수 있다. 뒤 문장에는 '지나다, 되다, 흐르다' 등의 동사가 온다. '-(으)ㄴ 후에'는 일의 선후관계만을 표현한다.

'-(으)ㄴ 지' can only be followed by a verb denoting passage of time such as '지나다, 되다, or 흐르다.' '-(으)ㄴ 후에' only denotes the order of events.

'-(으)ㄴ 지'后只能连接时间句型。后句可使用 '지나다, 되다, 흐르다'等动词。'-(으)ㄴ 후에' 只表示动作的先后关系。

> 예) 친구를 만난 지 밥을 먹었어요. (X)
>
> 한국에 온 후에 10년이 되었습니다. (X)

❹ A/V+-기, A/V+-기 A/V

어미. 앞말을 문장 내에서 명사 구실을 하게 한다.

This ending is used to make the preceding adjective or a verb function as a noun.

语尾 前半句在句中做名词的作用。

❺ A/V+-기 때문에, N 때문에

표현. 어떤 일의 이유나 원인을 나타낸다.

This expression denotes a reason for or a cause of something.

句型 用于表示某事件的原因或理由

명령문이나 청유문에는 쓸 수 없다.

This expression cannot be used for an imperative or suggestion sentence.

后半句不可为命令句或祈使句。

> 예) 비가 오기 때문에 우산을 가지고 가십시오. (X)
>
> 수업하기 때문에 조용히 해 주시겠어요? (X)

❶ N+한테(서) / 에게(서) / 께

조사. 그 사람이 어떤 움직임을 시작하는 곳임을 나타낸다. 구어에서는 '한테(서)'를 '에게(서)'보다 더 많이 쓰고, 존대의 대상에게는 '께'를 쓴다.

These postpositional particles denote a source of a certain act. '한테(서)' is preferred to 에게(서)' in spoken Korean. '께' is an honorific form.

助词 用于表示某人某活动的起点, 口语中'한테(서)'比'에게(서)'更为多用, 尊敬对象后则须用'께'。

❷ V+-(으)ㄴ 적이 있다/없다

표현. 그 동작이 진행된 때가 있거나 없었음을 나타낸다.

This expression denotes presence or absence of an act in the past.

句型 用于表示动作发生经历的有无。

❸ A/V + -(으)ㄴ 것/는 것/(으)ㄹ 것 같다

표현. 추측의 뜻을 나타낸다. 자신의 생각을 단정적으로 말하지 않고 부드럽고 겸손하게 말하는 느낌을 줄 때도 쓴다.

This expression denotes conjecture. This expression is also used to denote one's thoughts modestly rather than conclusively.

句型 用于表示推测。不肯定地表述自我想法或较为委婉地表达时, 常用此句型。

1) 동사+-(으)ㄴ 것/는 것/(으)ㄹ 것 같다

과거, 현재, 미래의 일을 추측할 때 쓴다.

과거는 '-(으)ㄴ 것 같다'와 '-았/었을 것 같다' 두 가지가 있는데, 상황을 보고 얘기하는 경우에는 '-(으)ㄴ 것 같다'를 쓰고 상황을 보지 않고 막연히 추측하는 경우에는 '-았/었을 것 같다'를 쓴다.

This expression denotes conjecture about something in the past, present or future.

There are '-(으)ㄴ 것 같다' and '-았/었을 것 같다' to denote conjecture about something in the past. In case on the basis of circumstantial evidences. '–(으)ㄴ 것 같다' is used. In case of vague conjecture. '–았/었을 것 같다' is used.

用来推测过去, 现在和未来的事情.

过去有'–(으)ㄴ 것 같다', '–았/었을 것 같다'两种情况, 看 "具体" 情况说话时, 用' –(으)ㄴ 것 같다', 不看具体情况盲目推测时, 用'–았/었을 것 같다'.

2) 형용사 + –았/었을 것/(으)ㄴ 것/(으)ㄹ 것 같다

과거 상태를 추측하는 경우에 '–았/었을 것 같다'를 쓰고 현재 상태를 추측하는 경우에는 '–(으)ㄴ 것 같다'를, 미래 상태를 추측하는 경우에는 '–(으)ㄹ 것 같다'를 쓴다.

'–었/았을 것 같다' is used to denotes conjecture about state of the past. '–(으)ㄴ 것 같다' is used to denotes conjecture about state of the present. '–(으)ㄹ 것 같다' is used to denotes conjecture about state of the future.

推测过去状态时, 用 '–었/았을 것 같다', 推测现在状态时, 用'–(으)ㄴ 것 같다'

推测未来状态时, 用 '–(으)ㄹ 것 같다'

❹ V + –기 위해(서)

표현. 목적이나 의도를 나타낸다.

This expression denotes a purpose or intention.

句型　用于表示目的或意愿。

'–기 위해(서)'는 앞의 행위가 뒤의 행위를 하는 목적임을 표현한다. '–으려고'는 단순히 의도만을 표현하므로 '–으려고 하다'의 구성으로 쓰인다. 글이나 공식적인 말에서는 '–기 위해(서)'를 많이 쓴다.

'–기 위해(서)' shows the purpose of an act that follows the expression. '–으려고' only expresses intention and is usually used in a fixed form, '–으려고 하다.' '–기 위해(서)' is used in a formal speech or writing.

前句行为是后句行为的目的。'–으려고'仅表示意愿, 可用为'–으려고 하다'。文章或正式场合多用为 '–기 위해(서)'。

❺ V＋-게 되다

표현. 외부적인 영향에 의해 어떤 상황에 이르게 되거나 바뀌었음을 나타낸다.

This expression is used to show the circumstances or change of circumstances effected by the external factors.

句型 用于表示因外界影响，造成某状态发生或变化。

제10과 요리 Lesson 10 Cooking 第十课 厨艺

❶ A/V＋-았/었/였으면, N＋-이었/였으면 좋겠다

표현. 이루어지지 않은 상황에 대한 희망이나 바람을 나타낸다.

This expression denotes a wish or a hope for something that has yet to be materialized.

句型 用于表示对无法实现状态的希望或理想。

❷ V＋-기로 하다

표현. 어떤 행위를 할 것을 결정·결심하거나 약속함을 나타낸다.

This expression denotes a decision or a promise to do something.

句型 用于表示进行某行为的决定、决心或承诺。

앞 동사에 과거 시제를 쓸 수 없다.

This expression cannot be preceded by a verb in a past tense.

句型前动词不可使用时态词。

예) 우리는 버스를 타기로 했다. (O)
　　우리는 버스를 탔기로 했다. (X)

❸ V+-(으)ㄹ까 하다

표현. 아직 확실히 결정한 것은 아니나 그 행동을 할 생각이 있음을 나타낸다.

This expression denotes an intention, with the final decision yet to be made.

句型 表示未决定某事或具有做某事的想法。

❹ A/V+-(으)ㄹ까 봐

표현. 상황으로 미루어 추측하는 의미를 나타낸다.

This expression denotes a conjecture based on circumstantial evidences.

句型 用于表示根据某个状况的所进行的推测。

❺ A/V +-(으)면서, N +(이)면서

어미. 둘 이상의 행위나 상태를 동시에 겸하고 있음을 나타낸다.

This ending denotes simultaneous occurrences of acts or states.

语尾 表示两个或两个以上的状态或动作同时进行。

앞뒤 문장의 주어는 반드시 같아야 하고, 주어는 주로 앞에 한번만 나와야 한다.

The subject word should appear once in the beginning of the sentence and be shared by the two verbs.

前后两句主语必须一致，主语主要在前句使用一次。

예) 나는 텔레비전을 보면서 밥을 먹습니다. (O)
　　나는 텔레비전을 보면서 그는 밥을 먹습니다. (X)
　　나는 텔레비전을 보면서 나는 밥을 먹습니다. (X)

불규칙 동사 활용표

		–아/어요	–아/어서	–(으)니까
'ㅅ' 불규칙 동사	긋다	그어요	그어서	그으니까
	낫다	나아요	나아서	나으니까
	붓다	부어요	부어서	부으니까
	젓다	저어요	저어서	저으니까
	짓다	지어요	지어서	지으니까
	*벗다	벗어요	벗어서	벗으니까
	*빗다	빗어요	빗어서	빗으니까
	*웃다	웃어요	웃어서	웃으니까
	*씻다	씻어요	씻어서	씻으니까
'ㄷ' 불규칙 동사	걷다	걸어요	걸어서	걸으니까
	듣다	들어요	들어서	들으니까
	묻다	물어요	물어서	물으니까
	*닫다	닫아요	닫아서	닫으니까
	*받다	받아요	받아서	받으니까
	*얻다	얻어요	얻어서	얻으니까

-(으)ㄹ 거예요	-(으)ㄴ (과거)	-는/(으)ㄴ (현재)	-(으)ㄹ (미래)	-고
그을 거예요	그은	긋는	그을	긋고
나을 거예요	나은	낫는	나을	낫고
부을 거예요	부은	붓는	부을	붓고
저을 거예요	저은	젓는	저을	젓고
지을 거예요	지은	짓는	지을	짓고
벗을 거예요	벗은	벗는	벗을	벗고
빗을 거예요	빗은	빗는	빗을	빗고
웃을 거예요	웃은	웃는	웃을	웃고
씻을 거예요	씻은	씻는	씻을	씻고
걸을 거예요	걸은	걷는	걸을	걷고
들을 거예요	들은	듣는	들을	듣고
물을 거예요	물은	묻는	물을	묻고
닫을 거예요	닫은	닫는	닫을	닫고
받을 거예요	받은	받는	받을	받고
얻을 거예요	얻은	얻는	얻을	얻고

		−아/어요	−아/어서	−(으)니까
'**ㅎ**' 불규칙 동사	그렇다	그래요	그래서	그러니까
	까맣다	까매요	까매서	까마니까
	노랗다	노래요	노래서	노라니까
	빨갛다	빨개요	빨개서	빨가니까
	어떻다	어때요	어때서	
	이렇다	이래요	이래서	이러니까
	파랗다	파래요	파래서	파라니까
	하얗다	하얘요	하얘서	하야니까
	*넣다	넣어요	넣어서	넣으니까
	*좋다	좋아요	좋아서	좋으니까
'**르**' 불규칙 동사	게으르다	게을러요	게을러서	게으르니까
	고르다	골라요	골라서	고르니까
	누르다	눌러요	눌러서	누르니까
	다르다	달라요	달라서	다르니까
	바르다	발라요	발라서	바르니까
	빠르다	빨라요	빨라서	빠르니까
	부르다	불러요	불러서	부르니까
	모르다	몰라요	몰라서	모르니까
	오르다	올라요	올라서	오르니까
	자르다	잘라요	잘라서	자르니까

-(으)ㄹ 거예요	-(으)ㄴ (과거)	-는/(으)ㄴ (현재)	-(으)ㄹ (미래)	-고
그럴 거예요		그런		그렇고
까말 거예요		까만		까맣고
노랄 거예요		노란		노랗고
빨갈 거예요		빨간		빨갛고
		어떤		어떻고
이럴 거예요		이런		이렇고
파랄 거예요		파란		파랗고
하얄 거예요		하얀		하얗고
넣을 거예요	넣은	넣는	넣을	넣고
좋을 거예요		좋은		좋고
게으를 거예요		게으른		게으르고
고를 거예요	고른	고르는	고를	고르고
누를 거예요	누른	누르는	부를	부르고
다를 거예요		다른		다르고
바를 거예요	바른	바르는	바를	바르고
빠를 거예요		빠른		빠르고
부를 거예요	부른	부르는	부를	부르고
모를 거예요	모른	모르는	모를	모르고
오를 거예요	오른	오르는	오를	오르고
자를 거예요	자른	자르는	자를	자르고

어휘 색인 Vocabulary Glossary 词汇索引

사

아

자

차

타